LES
GANDINS

PAR

LE VICOMTE PONSON DU TERRAIL

auteur de

La Jeunesse du Roi Henri, le Diamant du Commandeur, les Drames de Paris, les Exploits de Rocambole, le Club des Valets de Cœur, la Revanche de Baccarat, la Dame au Gant noir, les Compagnons de l'Épée ou les Spadassins de l'Opéra, la Belle Provençale, la Cape et l'Épée, la Contessina, les Cavaliers de la Nuit, Bavolet, Diane de Lancy, la Tour des Gerfauts.

III

PARIS

L. DE POTTER, LIBRAIRE-ÉDITEUR

RUE FONTAINE MOLIÈRE, 27.

LES GANDINS

NOUVEAUTÉS EN LECTURE
DANS TOUS LES CABINETS LITTÉRAIRES.

Les Mystères de la Conscience, par Étienne Énault. 4 vol. in-8.
Les Gandins, par le vicomte Ponson du Terrail. 6 v. in-8.
L'Homme des Bois, par Élie Berthet. 6 vol. in-8.
Les trois Fiancées, par Emmanuel Gonzalès. 3 vol. in-8.
Les Marionnettes du Diable, par X. de Montépin, 6 vol.
Le Diamant du Commandeur, par Ponson du Terrail. 4 vol.
Le Douanier de mer, par Élie Berthet, 5 vol. in-8.
Mlle Colombe Rigolboche, par Maximilien Perrin. 4 vol. in-8.
Morte et Vivante, par Henry de Kock. 3 vol. in-8.
Daniel le laboureur, par Clémence Robert. 4 vol. in-8.
Les grands danseurs du roi, par Ch. Rabou. 3 vol. in-8.
Le Pays des Amours, par Maximilien Perrin. 3 vol. in-8.
La jeunesse du roi Henri, par Ponson du Terrail. 6 vol in-8.
L'Amour au bivouac, par A. de Gondrecourt. 5 vol. in-8.
Les Princes de Maquenoise, par H. de Saint-Georges, 6 v. in-8.
Le Cordonnier de la rue de la Lune, par Théod. Anne. 4 v. in-8.
La Belle aux yeux d'or, par la comtesse Dash, 3 vol. in-8.
La Revanche de Baccarat, par Ponson du Terrail, 6 vol. in-8.
Le Roi des gueux, par Paul Féval, 6 vol. in-8.
Une Femme à trois visages, par Ch. Paul de Kock, 6 vol. in-8.
Une Existence Parisienne, par Mme de Bawr, 3 vol. in-8.
Les Yeux de ma tante, par Eugène Scribe. 6 vol. in-8.
Les Exploits de Rocambole, par Ponson du Terrail. 8 vol. in-8.
Le Bonhomme Nock, par A. de Gondrecourt. 6 vol. in-8.
Le Vagabond, par E. Énault et L. Judicis. 4 vol. in-8.
Les Ruines de Paris, par Charles Monselet. 4 vol. in-8.
Les Viveurs de Province, par Xavier de Montépin. 6 vol. in-8.
Les Coureurs d'Amourettes, par Maximilien Perrin. 3 vol. in-8.
La dame au gant noir, par Ponson du Terrail. 8 vol. in-8.
Les Émigrants, par Élie Berthet. 5 vol. in-8.
Les Cheveux de la reine, par madame la comtesse Dash 3 vol. in-8.
La Rose Blanche, par Auguste Maquet, 3 vol. in-8.
La Maison Rose, par Xavier de Montépin, 6 vol. in-8.
Le club des Valets de Cœur, par Ponson du Terrail, 8 vol. in-8.
Monsieur Cherami, par Ch. Paul de Kock, 5 vol. in-8.
L'Envers et l'Endroit, par Auguste Maquet. 4 vol. in-8.
Le Prix du sang, par A. de Gondrecourt. 5 vol. in-8.
Nena-Sahib, par Clémence Robert. 3 vol. in-8.
La Reine de Paris, par Théodore Anne. 3 vol. in-8.
Un ami de ma femme, par Maximilien Perrin. 3 vol. in-8.
La Maison mystérieuse, par mad. la comtesse Dash. 4 vol. in-8.
Le Bossu, aventures de cape et d'épée, par Paul Féval. 5 vol. in-8.
La Bête du Gévaudan, par Élie Berthet. 5 vol. in-8.
Les Spadassins de l'Opéra, par Ponson du Terrail. 8 vol. in-8.
Le Filleul d'Amadis, par Eugène Scribe. 3 vol. in-8.
Les Folies d'un grand Seigneur, par Ch. Monselet. 4 v. in-8.
La Vieille Fille, par A. de Gondrecourt. 4 vol. in-8.
Le Masque d'Acier, par Théodore Anne. 4 vol. in-8.
Le Juif de Gand, par Constant Guéroult, auteur de *Roquevert l'Arquebusier*. 4 vol. in-8.
La Princesse Russe, par Emmanuel Gonzalès. 2 vol. in-8.
La Fille Sanglante, par Charles Rabou. 4 vol. in-8.

Pour la suite des Nouveautés, demander le Catalogue général qui se distribue gratis.

Paris. — Imprimerie de P.-G. Bourdier et Cie, rue Mazarine, 30.

LES
GANDINS

PAR

LE VICOMTE PONSON DU TERRAIL

auteur de

La Jeunesse du Roi Henri, le Diamant du Commandeur, les Drames de Paris, les Exploits de Rocambole, le Club des Valets de Cœur, la Revanche de Baccarat, la Dame au Gant noir, les Compagnons de l'Épée ou les Spadassins de l'Opéra, la Belle Provençale, la Cape et l'Épée, la Contessina, les Cavaliers de la Nuit, Bavolet, Diane de Lancy, la Tour des Gerfauts.

III

PARIS

L. DE POTTER, LIBRAIRE-ÉDITEUR

RUE FONTAINE MOLIÈRE, 27.

Droits de traduction et de reproduction réservés.

1861

LES
MARIONNETTES DU DIABLE

PAR
XAVIER DE MONTÉPIN.

Annoncer un nouveau roman de l'auteur des *Viveurs de Paris*, des *Viveurs de Province*, et de la *Maison Rose*, c'est annoncer un nouveau succès. — L'immense popularité du jeune et brillant écrivain grandit chaque jour et son nom prend place désormais à côté de ceux de Balzac, de Soulié, de Sand et de Dumas.

Les *Marionnettes du Diable*, nous le croyons fermement, dépasseront la vogue méritée de tous les autres livres du même auteur. — Jamais en effet l'imagination puissante et dramatique qui a créé tant de types étranges et de situations émouvantes, n'a plus solidement tissu la trame vigoureuse d'un roman saisissant, passionné, bizarre, où des aventures d'une incroyable originalité se succèdent et s'enchaînent de façon à tenir le lecteur haletant de curiosité et d'émotion depuis la première page jusqu'à la dernière. — L'intérêt, poussé jusqu'à ses plus extrêmes limites, ne languit pas un instant, et, par un heureux mélange, le rire se mêle aux larmes et la gaîté à la terreur.

Malgré son titre, le roman les *Marionnettes du Diable*, n'est pas fantastique. — Le prologue seul se passe dans le royaume de Satan. — Les marionnettes sont des hommes, et les ficelles à l'aide desquelles le Diable les fait mouvoir à sa guise, on le devine, ce sont les passions. — Avec une telle donnée le romancier devait faire un chef-d'œuvre. — Les lecteurs jugeront bien qu'il n'a point faibli à cette tâche.

LES ÉMIGRANTS

PAR
ELIE BERTHET.

Parmi les romanciers les plus estimés de notre époque, M. Elie Berthet a su conquérir une place à part. Ses ouvrages, pleins de naturel, de vérité, de bon sens, paraissent être plutôt des histoires que des romans. Il ne donne pas dans le travers de certains autres écrivains en vogue, qui, à force de complications, d'événements bizarres et impossibles, arrivent à produire des œuvres aussi obscures, aussi peu intelligibles que déraisonnables. Sa manière est celle du grand romancier anglais Walter Scott, auquel on l'a comparé plusieurs fois; et, comme Walter Scott, tous ses ouvrages sont frappés au coin d'une moralité rigoureuse. Sans écarter les passions violentes, les fautes, les crimes qui existent dans la société humaine, et qui sont un des éléments de l'intérêt dramatique, il ne manque jamais de les blâmer et de les flétrir. Aussi l'appelle-t-on le *romancier des familles*, et, en effet, tout le monde peut lire ses ouvrages, sans crainte de se souiller l'imagination, d'altérer son sens moral ou de s'endurcir le cœur.

Ces qualités de M. Elie Berthet sont surtout apparentes dans le beau roman *les Émigrants*, que nous publions aujourd'hui. L'histoire est si simple, si vraie, si touchante, qu'elle semble réelle, et l'on croirait que le romancier a reçu les confidences de quelqu'unes de ces pauvres familles qui abandonnent leur sol natal pour aller chercher au loin une vie plus douce et plus prospère. Les causes ordinaires de l'émigration, les fatigues et les dangers auxquels s'exposent les émigrants, leurs illusions naïves, leurs mécomptes, et souvent les catastrophes auxquelles ils succombent, sont exposés avec une grande puissance et avec le plus vif intérêt. Aussi ne doutons-nous pas que le nouvel ouvrage de l'auteur des *Catacombes de Paris*, des *Chauffeurs*, du *Garde-Chasse* et de tant d'autres romans qui ont mérité la faveur du public, n'obtienne en librairie un immense succès.

CHAPITRE PREMIER.

1

Jean-François se trouva au milieu du boudoir.

Nana lui tournait le dos.

Assise devant un petit pupitre, la jeune femme écrivait.

Elle ne se retourna point et se contenta de tendre sa main par dessus son épaule :

— Donnez votre lettre, dit-elle.

Jean-François obéit. Puis, quand Nana eut lu le billet :

— Madame a-t-elle une réponse à me donner ?

Cette voix fit tressaillir la pécheresse, qui se retourna vivement.

Cette voix, Nana l'avait entendue bien souvent résonner railleuse et méchante à son oreille; cette voix, bien souvent avait brui à son oreille et l'avait fait frissonner et pleurer.

— Jean-François, s'écria-t-elle en reconnaissant le laquais.

— Bonjour, Nana, fit-il d'un ton moqueur.

Jean-François s'était trompé. S'il eut appelé la pécheresse « madame » il l'eut dominée sur le champ, il lui donnait le nom de « Nana » et lui parlait familièrement, c'était fournir à la jeune femme l'occasion de se redresser.

Nana remarqua la livrée de Jean-François qui avait insolemment replacé son chapeau sur sa tête.

— On m'appelle « madame, » lui dit-elle froidement, et on me parle tête nue. Sortez.

Mais Jean-François ne se troublait pas pour si peu.

— Tu es bien fière aujourd'hui, dit-il.

Il ricanait et avait pris une attitude hostile.

Nana eut peur. Elle courut à un gland de sonnette.

— Es-tu bête! dit le laquais. Je viens te voir en vieux camarade, voilà tout. Je ne suis pas un voleur, ma petite!...

Il lui prit le bras et l'empêcha de sonner.

Nana était toute tremblante:

— Que voulez-vous donc? lui demanda-t-elle.

— T'apprendre des choses importantes sur M. de Morangis.

Ce nom avait sur Nana un pouvoir magique. Elle oublia l'insolence de Jean-François et le regarda avec anxiété.

— Vous l'avez... vu? dit-elle.

— Mais oui.

— Où? quand? mais parlez donc!

— Je l'ai vu tout à l'heure qui allait à son rendez-vous.

— Hein? fit Nana qui crut avoir mal entendu.

— Le comte aime une belle dame, une vraie, ricana le laquais, et non point une chambrière comme toi.

Nana était plus blanche qu'une statue, et un cri étouffé s'échappa de sa poitrine.

— C'est la baronne Pauline de Nesles, continua Jean-François.

Nana qui un moment s'était dressée, se laissa retomber sur son siége.

— Et, ajouta l'ancien jardinier, ils ont rendez-vous ce soir.

Nana appuya ses deux mains sur son front, et deux larmes brûlantes jaillirent au travers de ses doigts.

Jean-François s'assit impudemment en face d'elle.

Puis, ricanant toujours :

— Ah! ah! ma *petiote*, dit-il on dirait *quasiment* que ça te chagrine un brin, hein?

Nana continua à pleurer et ne répondit pas.

Jean-François poursuivit :

— Voilà ce que c'est que de vouloir être belle dame, quand on a gardé les moutons dans son enfance, de porter des robes fines et des chapeaux, et de se laisser *enjôler* par un beau monsieur qui vient de la ville... Ah ! ah ! ah !

La jeune femme fit un geste de suprême souffrance, mais sa bouche demeura close.

Le laquais dit encore:

Il y a bien longtemps, ma *petiote*, que j'attendais cette occasion de te parler et de me venger... Tu n'as pas voulu de moi, jadis, au château de M. le baron... Ah! ah! ah!... et tu as cru que Jean-François était un gros rustre qui ne s'occuperait jamais plus de toi... tu t'es trompé, la chambrière... et Jean-François s'est vengé de toi et du comte de Morangis!

Soudain Nana se dressa de nouveau.

— Le comte! dit-elle, tu t'es vengé du comte?

— Pas encore... mais ça va venir... tu verras...

Jean-François était hideux de férocité.

Nana le regardait avec une sorte de stupeur.

— Monsieur le baron de Nesles, poursuivit Jean-François, est un brave homme qui adore sa femme et qui ne savait rien... mais à cette heure il sait tout...

je le lui ai écrit... et il tuera le comte...

Nana jeta un cri terrible.

— Il le tuera, acheva François, et cela avant trois heures... ce soir... dans une maison où le comte doit rencontrer la baronne... et tu ne sauras pas où est cette maison !

Nana, livide de terreur, avait insensiblement reculé jusqu'au mur, lorsque tout à coup, une réaction se fit chez elle.

Elle venait de heurter un petit meuble de Boule placé entre les deux croisées.

Tandis que Jean-François ricanait, la pécheresse se retourna vers le meuble, l'ouvrit et mit la main sur un joli revolver de Lefaucheux que le comte de Morangis lui avait donné il y avait quelques mois lorsqu'il avait acheté une maison de campagne à Montmorency.

Le revolver était chargé.

Rapide comme la foudre, Nana ajusta le laquais, lui disant :

— Si tu bouges, je te tue!...

Jean-François recula d'un pas; mais il vit briller un éclair dans l'œil de la pécheresse, et cet éclair le terrifia.

En même temps, Nana mit la main sur le cordon de sonnette qui pendait auprès de la glace, et le secoua violemment.

Au bruit, Marion accourut et demeura stupéfaite sur le seuil; à la vue de sa maîtresse qui tenait son revolver à la hauteur du front de Jean-François.

— Grand Dieu ! s'écria Marion.

Nana ne répondit rien, mais elle imposa d'un geste silence à sa femme de chambre; puis, s'adressant au laquais, elle répéta :

— Si tu bouges, tu es mort!

Jean-François était lâche autant que cruel. Il était venu insulter Nana et la torturer, il eut peur devant elle.

— Grâce ! ne me tuez pas! balbutia-t-il.

— Jean François, dit la jeune femme,

je suis une pauvre fille abandonnée qui n'a plus qu'une seule affection, et que cette affection trahit. Je ne tiens pas à la vie, et peu m'importe de mourir sur un échafaud. Écoute-moi donc bien : Tu as été méchant pour moi durant toute ma jeunesse, et si tu ne rachètes ta vie en réparant le mal que tu as fait, aussi vrai que je suis là et que je m'appelle Nana, je te casse la tête avec une balle.

— Que faut-il donc que je fasse? balbutia l'ancien jardinier.

— Il faut me dire la vérité!

Et se tournant vers Marion :

—Appelle le cocher, dit Nana, il est fort, et, à vous deux, vous parviendrez bien à garroter ce misérable... Cherche des cordes!

CHAPITRE DEUXIÈME.

II

Nana semblait métamorphosée.

Ce n'était plus la femme aimante et craintive qui tressaillait au bruit des pas du comte de Morangis.

Ce n'était pas non plus la pauvre fille qui pleurait chaque fois qu'elle avait entendu la voix railleuse et brutale de Jean-François le jardinier.

Calme, dédaigneuse, elle tenait dans ses mains la vie de son ennemi acharné, prête à la briser s'il refusait de lui obéir.

Marion était fidèle à sa maîtresse, qu'elle aimait jusqu'à l'idolâtrie. Elle ne savait pas, elle n'avait pas pu deviner ce qui s'était passé entre Nana et le domestique de M. Luxer; mais Nana avait ordonné, et cela lui suffisait. Elle s'était donc élancée hors du boudoir, criant de toutes ses forces :

— Tom ! Tom !...

Tom était le cocher de Nana, un beau nègre qui était entré chez la pécheresse d'une façon toute romanesque.

Un soir Nana sortait du Café Anglais, seule, après avoir quitté une réunion assez nombreuse de jeunes femmes et de sportmen.

C'était en hiver, il faisait froid, et le macadam du boulevart était couvert de verglas.

Les voitures ne pouvaient circuler, et, dès huit heures, Nana avait renvoyé son cocher.

La jeune femme traversa le boulevart, et, au moment où elle entrait dans la rue Laffitte, elle entendit un gémissement étouffé et aperçut une masse inerte étendue sur le trottoir.

Saisie de frayeur, d'abord elle voulut

s'éloigner, puis sa bonne nature l'emporta, et, reconnaissant qu'elle avait affaire soit à un ivrogne, soit à un mourant, elle s'approcha.

Elle avait devant elle un nègre en haillons.

Le malheureux était couché sur le trottoir et ne donnait plus signe de vie.

Nana avait sur elle un flacon de sels anglais; elle le fit respirer au pauvre diable qui fit un mouvement et rouvrit les yeux.

Alors Nana se prit à courir vers le Café Anglais, remonta précipitamment jusqu'au salon où elle avait laissé ses convives, et, s'emparant d'une bouteille de rhum, elle dit :

— Venez avec moi, venez! un homme se meurt..

Les jeunes gens et les femmes suivirent Nana.

Parmi les premiers il se trouvait un

jeune médecin qui prodigua ses soins au pauvre nègre.

— Il est ivre, dit une femme qu'on appelait la Turquoise.

— Tu te trompes, ma fille, répondit le médecin, qui venait de faire avaler au nègre une gorgée de rhum. Il se meurt de faim, et le froid allait le tuer. Il serait mort avant une heure, si Nana ne l'eût trouvé.

Un fiacre dont les deux petites rosses

bravaient le verglas vint à passer. On l'arrêta.

— Il faut transporter ce malheureux quelque part, dit le médecin.

— Chez moi, répondit Nana.

Et le nègre fut conduit, couché, réchauffé, restauré chez la pécheresse, et le lendemain il put raconter sa lamentable histoire.

Tom était venu en France avec un planteur de la Réunion, quelques mois avant la révolution de février. En dépit des négrophiles et des philanthropes, Tom aimait son maître, et lorsque la république abolit l'esclavage, il n'en resta pas moins à son service.

Malheureusement le planteur se trouva ruiné, et, peu après, il mourut de chagrin, laissant son domestique sans ressources.

Tom se trouvait donc perdu au milieu de Paris, sans argent, sans amis, sans autre consolation que son titre pompeux mais vain de citoyen libre.

Tom avait essayé de tous les métiers et n'avait pu parvenir à gagner sa vie.

Tantôt décrotteur, tantôt commissionnaire, il semblait poursuivi par une sorte de fatalité.

Lorsque Nana l'avait trouvé mourant au bord du trottoir de la rue Laffitte, il n'avait pas mangé depuis plus de trois jours.

Tom resta chez Nana et devint son cocher.

Le nègre avait voué à la jeune femme

qui lui avait sauvé la vie une reconnaissance aveugle et sans bornes, il se fût fait tuer pour elle en souriant; et lorsque Jean-François, qui tremblait toujours sous le canon du revolver, l'eut vu apparaître l'œil étincelant, il comprit que désormais il était bien au pouvoir de Nana.

— Tom? dit Nana.

— Maîtresse...

— Prends cet homme.

Le nègre appuya ses deux larges

mains sur les épaules de l'ancien jardinier.

— Jette-le à terre! continua Nana.

Jean-François fut plié comme un roseau et renversé.

Il voulut crier, mais les mains du nègre s'arrondirent comme un collier de fer autour de sa gorge, et Nana dit :

— Si cet homme appelle, étrangle-le!

— Oui, maîtresse.

Marion revenait avec des cordes.

Nana fit un signe, et Tom lia les pieds et les mains de Jean-François avec une corde qui lui fut passée en outre autour du cou, de telle façon que s'il essayait de se dégager, le valet courait risque de s'étrangler.

— Voilà, maîtresse! dit le nègre avec flegme.

Nana regarda Jean-François :

— Tu vois cet homme, lui dit-elle en lui montrant Tom, eh bien! il n'a de maître que moi, mes ordres sont des lois pour lui. Ce que je lui commanderai, il le fera. Si je te condamne à mourir, il te tuera.

Jean-François roulait des yeux hagards autour de lui. Il se sentait si coupable vis-à-vis de Nana, qu'il ne doutait point qu'elle ne se montrât impitoyable.

D'un geste, la jeune femme renvoya Tom et Marion, et elle se trouva seule en face de l'ancien jardinier, garotté et couché à terre.

Alors elle posa son revolver sur la tablette de la cheminée.

— Jean-François, reprit-elle, je te l'ai dit déjà, je ne crains pas la guillotine, et aussi vrai que je suis là, si je ne sauve pas M. de Morangis, je te tuerai!...

Jean-François était horriblement pâle et ses dents claquaient.

— Réponds-moi, reprit Nana, et prends garde de me mentir!

— Que voulez-vous ?... balbutia-t-il.

— A quelle heure M. de Morangis a-t-il rendez-vous avec la baronne?

— A huit heures.

— Où?

Jean-François hésita. Il essaya même de se dégager et de rompre ses liens.

Nana reprit le revolver.

— Je te casse la tête si tu me fais attendre, lui dit-elle avec un calme qui acheva de l'épouvanter.

— A Neuilly, dans le parc de Saint-James, dans une maison, dit-il.

— Où est-elle située ?

Elle porte le numéro dix-neuf de la grande avenue.

Nana sonna sur-le-champ.

— Tom, dit-elle.

Le nègre revint.

— Baillonne-moi cet homme, lui dit-elle, de façon qu'il ne puisse pas crier.

Elle lui jeta un mouchoir, et le nègre s'en servit avec sa dextérité et son adresse ordinaires. Jean-François ne pouvait plus faire un mouvement, il ne pouvait articuler un son.

— Si je parviens à sauver la baronne et M. de Morangis, dit Nana, je te ferai grâce. Sinon tu mourras...

Elle ouvrit la porte d'un petit cabinet noir qui se trouvait au fond du boudoir et, sur un nouveau signe d'elle, Tom y poussa Jean-François et l'y enferma.

Alors, Nana dit à Tom :

— Attelle *Rutilant* au coupé, vite,

très-vite ! Il faut que nous allions un train d'enfer.

Rutilant était un alezan brûlé et le meilleur des deux trotteurs de Nana.

C'était un cheval qu'on n'aurait pu atteler sans martingale et qui passait pour faire six lieues à l'heure quand on lui rendait la main.

Tandis que le nègre courait atteler, Nana jetait à la hâte un châle sur ses épaules et disait à Marion :

— Sous aucun prétexte ne laisse entrer personne ici. Tu me réponds de ce misérable...

— Mais, monsieur Luxor...

— Tu lui diras de revenir demain.

— Madame rentrera !...

— Dans une heure...

Et comme Marion était toujours étonnée :

— Tu me réponds de ce misérable, répéta Nana, parce que je vais essayer de sauver la vie à deux personnes qu'il a voulu faire assassiner.

Et Nana descendit dans la cour et se jeta dans le coupé.

Tom était déjà sur son siége.

— Où va maîtresse ?

— Au bois.

— Au lac ?

— Non, à Saint-James.

— Vite ?

— Comme le vent.

Tom rendit la main à Rutilant, Rutilant fila comme un rêve. Le nègre conduisait fort bien ; il longea la rue Saint

Lazare et celle de la Pépinière avec la rapidité de la foudre, traversa le faubourg Saint-Honoré et atteignit la barrière de l'Etoile en moins de dix minutes.

Nana consultait sa montre et venait d'établir ce calcul :

— Il est sept heures à peine. J'arriverai bien avant M. de Morangis, bien avant M. de Nesles. Jean-François l'a prévenu avant moi, il est vrai. Mais je sais bien les habitudes du baron : il n'a pas de chevaux l'été, à Paris, il prend des voitures de place. Il faut une heure à un fiacre pour aller à Saint-James.

Le raisonnement de Nana était juste.

Il y avait, en effet, environ trois quarts d'heure que M. de Nesles avait reçu la lettre anonyme écrite par Jean-François ; mais il était probable, du reste, que le baron, d'abord frappé de stupeur, aurait hésité, tergiversé ; et, même en admettant qu'il eût sur-le-champ couru à Saint-Jamee, Nana espérait encore arriver avant lui.

Rutilant descendit l'avenue de Neuilly avec la fantastique rapidité du cheval de t'amant de Lénore.

Au moment où le coupé entrait dans l'avenue de Saint-James, Nana regarda sa montre.

Il n'était pas huit heures encore; le comte ne pouvait être arrivé.

Comme le coupé s'arrêtait à la grille de la maison qui portait le numéro 19, et qui était une charmante villa, bâtie en briques rouges, une des croisées du premier étage s'entr'ouvrit, et une tête de femme se pencha avidement derrière la persienne verte.

Nana reconnut madame de Nesles.

Cette dernière, voyant une femme sortir du coupé, se rejeta vivement en arrière.

Nana sonua.

Il se fit comme une sorte de remue-ménage à l'intérieur et on parut hésiter à ouvrir.

Nana sonna de nouveau avec une fébrile impatience.

Une servante vint ouvrir.

— Qui demandez-vous ?

— Votre maîtresse, dit Nana.

La servante hésitait.

— Madame n'y est pas, dit-elle enfin.

— Et elle voulut refermer la grille.

—Madame y est, insista la pécheresse.

Et elle écarta la servante et entra dans le petit jardin qui précédait la maison.

Madame de Nesles, car c'était bien elle que Nana avait aperçue derrière la persienne verte, était descendue au rez-de-chaussée et s'était enfermée dans un petit salon.

Nana entra dans la maison et, obéissant à une sorte d'inspiration, elle alla droit à la porte de cette pièce.

Elle frappa. Nul ne répondit.

— Il faut pourtant que je les sauve! dit-elle.

Et tournant le bouton de la porte, elle ouvrit et s'arrêta sur le seuil.

Madame de Nesles, émue et tremblante, était devant elle,

Soudain, en dépit de la métamorphose la baronne reconnut son ancienne femme de chambre.

— Nana, dit-elle.

— Oui, madame, répondit la pécheresse, qui ferma vivement la porte et se jeta aux genoux de Pauline de Nesles.

— Nana qui vient vous supplier de l'écouter une minute et de partir, car il y va de votre vie.

CHAPITRE TROISIÈME.

III

Pauline de Nesles stupéfaite releva son ancienne femme de chambre et la regarda.

— Comment, c'est toi, Nana!... toi!

répétait la baronne sans cesser de l'envisager:

— Ah! madame la baronne, répondit Nana, ne parlons point de moi maintenant, plus tard, je vous dirai comment je suis sortie de chez vous, comment...

Elle baissa la tête.

— Comment, je suis une femme à la mode, dit-elle tout bas. A présent, laissez-moi parler de vous, de vous, que je veux sauver.

— Sauver ! exclama madame de Nesles.

—Ecoutez-moi ! poursuivit Nana avec vivacité. Vous attendez ici M. de Morangis ?...

La baronne eut un geste intraduisible :

— Vous l'attendez, répéta Nana avec l'accent de la conviction.

— Tais-toi !

— Il va venir à huit heures...

— Mais tais-toi !

— Et vous l'aimez !

Madame de Nesles étouffa un cri.

— Oh ! peu m'importe ! dit Nana, qui fit un violent effort pour demeurer dans son rôle d'abnégation ; mais votre mari...

— Mon mari !...

Et la baronne eut un frisson mortel.

— Votre mari sait tout...

La baronne jeta un cri.

— Il y a une heure à peine, poursuivit Nana, il a reçu une lettre anonyme.

— Mon Dieu !

— Et cette lettre l'avertit de votre rendez-vous avec le comte.

Madame de Nesles sentit ses jambes se dérober sous elle.

Nana continua :

— M. de Morangis va venir ; mais derrière lui...

— Oh ! tais-toi !... tais-toi !... répéta la baronne affolée. Je suis perdue !...

— Non, madame, je viens vous sauver.

— Mais... il sait tout...

— Venez..., montez dans ma voiture...,, partez ! Je reste ici et je me charge de tout.

Et Nana jeta son châle sur les épaules de madame de Nesles, qui avait conservé son chapeau et s'était simplement débarrassé, au premier étage, de son manteau.

— Venez! répéta-t-elle.

L'ancienne soubrette dominait la situation à ce point que madame de Neses lui obéit avec la docilité d'un enfant.

Elle se laissa entraîner hors de la maison.

Nana lui fit traverser le jardin, ouvrit elle-même la portière du coupé et lui dit :

— Ne rentrez pas à l'hôtel, madame, mais allez plutôt chez la comtesse de Pierrefeu où vous dînez quelquefois. Vous y passerez la soirée... je m'arrangerai pour que M. le baron aille vous y chercher. Soyez forte, madame, soyez impassible... niez tout quand même... Songez à mademoiselle Camille...

Nana venait de toucher à la corde vibrante et sonore du cœur de la baronne : elle lui avait parlé de sa fille !

— Tu as raison, dit-elle en soupirant... Adieu... merci !...

— Adieu ! madame la baronne ; répéta Nana les yeux pleins de larmes et avec l'accent du respect.

Puis elle dit à Tom :

— Rue Saint-Dominique ! et reviens ici. Crève *Rutilant* s'il le faut.

— *Rutilant* est solide, répondit Tom avec orgueil.

Et le coupé, au lieu de s'en retourner par le même chemin, s'enfonça dans le bois et se disposa à rentrer à Paris par Passy.

Nana consulta sa montre ;

— Il était temps ! pensa-t-elle. Huit heures vont sonner...

Elle ferma la grille elle-même et se trouva face à face avec la servante.

Cette dernière regardait Nana avec étonnement et semblait se demander ce que tout cela signifiait.

— Comment te nommes-tu? demanda Nana.

La pécheresse parlait avec autorité et la servante prit une attitude respectueuse et soumise.

— Madoleine.

— Tu es au service de madame la baronne ?

— Je ne sais pas si elle est baronne, répondit naïvement la servante ; je sais seulement qu'elle a loué cette maison hier.

— Sous quel nom ?

— On l'appelle madame Paul.

— Tu es entrée chez elle hier.

— Oui madame.

— C'est bien, dit Nana. Maintenant,

écoute-moi. Si tu m'obéis ponctuellement, tu auras dix louis ce soir.

Madeleine était une servante parisienne, une fille qui ne manquait pas de ruse et qui avait été au service d'une actrice.

—C'est bon, dit-elle; je vois qu'il faudra avoir du vice.

— Ecoute bien, continua Nana qui était rentrée dans le petit salon, deux hommes vont venir ici.

— Ensemble?

— Non, l'un après l'autre.

— Bon !

— Je ne sais pas celui qui viendra le premier, mais il est facile de les reconnaître l'un de l'autre.

Le plus âgé a bien quarante ans. Il est grand, mince, il a les cheveux blonds, la barbe blonde et les yeux bleus !

— Et l'autre ?

— L'autre est tout jeune : il a vingt ans, de petites moustaches noires et la peau blanche.

— Très-bien, dit Madeleine, ça n'est pas difficile à distinguer.

— Si le blond arrive le premier, il est probable qu'il sera très-pâle et très-agité.

— Je comprends, dit la servante. Ce doit être... le... mari...

— Précisément. Et tu le prendras pour l'amant.

— Comment cela ?

— Tu lui diras : Ah ! venez, monsieur, madame vous attend avec impatience...

— Et je le ferai entrer?

— Tu l'amèneras ici.

— Mais, dit Madeleine, si c'est le brun qui arrive le premier?

— Tu l'introduiras de même façon.

— Et quand le blond viendra?

— Alors tu auras l'air embarrassée... tu diras d'abord que ta maîtresse n'y est pas... et puis, comme il insistera, tu prendras l'argent qu'il te donnera et tu lui ouvriras la porte du salon.

— C'est très-bien, dit Madeleine

Nana laissa la servante au rez-de-chaussée et monta au premier étage. Elle avait besoin de se rendre compte de la situation topographique de la maison.

Dix minutes après on entendit le roulement d'une voiture.

C'était un coupé de louage qui s'arrêta à la grille.

Nana, abritée derrière les persiennes du petit salon situé au rez-de-chaussée, vit un homme descendre de voiture.

Ce n'était pas M. de Morangis, c'était le baron de Nesles.

Le baron avait hésité longtemps; longtemps, il avait rougi d'ajouter foi à une lettre anonyme; mais enfin la jalousie l'avait étreint, dominé, et il venait à ce rendez-vous que sa femme, lui disait-on, avait donné à un autre qu'à lui.

A la façon dont il sonna, Nana comprit qu'il était en proie à une agitation violente.

Madeleine alla ouvrir.

— Madame vous attend, dit cette dernière sans hésitation.

— Ah! fit le baron surpris.

— Excusez-moi, dit Madeleine, je suis entrée chez madame aujourd'hui : je ne connais pas encore M. le comte.

Le baron trouva cette réponse naturelle, et suivit la servante.

Pendant le court trajet qu'il fit de la grille du jardin au vestibule de la maison, il fut en proie à une sorte de vertige.

Madeleine ouvrit la porte du salon et dit avec un accent naïf :

— Madame, voilà Monsieur!

M. de Nesles s'arrêta sur le seuil et sentit son cœur défaillir.

Une femme lui tournait le dos, — et cette femme, à demi renversée dans un fauteuil, avait la taille élégante et flexible de Pauline de Nesles.

Mais soudain elle se retourna et le baron jeta un cri.

— Nana! exclama-t-il.

— Monsieur le baron! s'écria la jeune femme, qui se dressa comme épouvantée et recula.

M. de Nesles était comme pétrifié.

— Nana! répéta-t-il avec un accent étrange.

La pécheresse eut une inspiration sublime.

Elle courut au baron les mains tendues, les narines frémissantes :

— Ah! mon Dieu, dit-elle, vous êtes son ami... et vous lui avez servi de témoin peut-être... et... vous venez... mon Dieu! mon Dieu!

Nana ignorait, cependant, que M. de Morangis se fût battu dans la journée; mais il est des heures où les femmes devinent.

— Nana! dit le baron, au comble de la stupeur, que fais-tu donc ici?

— Ah! monsieur... monsieur... mon bon maître, répondez-moi...

Et Nana paraissait n'avoir point entendu la question du baron.

— Mais qué veux-tu dire, de qui parles-tu? demanda enfin M. de Nesles, qui eut un frisson de vague espérance.

— De celui que j'aime, de l'homme qui m'a perdue... de M. de Morangis... mon amant! acheva Nana avec une sorte d'orgueil.

M. de Nesles fit un pas en arrière.

— Il doit donc venir ici ? fit-il.

— Oui, je l'attends.

— Tu... l'attends ?...

— Il vient tous les soirs.

— Cette maison est donc à toi ?

— C'est lui qui me l'a louée.

M. de Nesles passa la main sur ses yeux.

— Je fais un rêve horrible ! murmura-t-il.

Et il tira de sa poche la lettre anonyme qu'il avait reçue et la jeta aux pieds de Nana.

La pécheresse s'en empara, y jeta les yeux avec curiosité d'abord, puis elle parut lire avidèment, et tout à coup elle la laissa échapper de ses mains et murmura :

— Ah ! quelle infamie !...

Nana avait su trouver un accent si vrai, si convaincu, que M. de Nesles ne douta plus.

Il lui prit la main et lui dit :

— Nana, tu es née sur mes terres, tu es la fille d'un de mes serviteurs, et j'ai pris soin de toi comme si tu avais été mon enfant...

— O mon bon maître! murmura Nana, si vous saviez comme je vous aime!

— Me ferais-tu un serment?

— Sur le Christ!

— Jure-moi que M. de Morangis est ton amant.

— Sur les cendres de ma mère, je vous le jure!

— Jure-moi que tu es seule ici.

— Je le jure.

— Ainsi... Pauline?...

—'Ah! fit Nana avec dédain, y songez-vous, monsieur le baron?

M. de Nesles ne douta plus.

— Je te crois, dit-il, et je m'en vais...

— Non, non, dit Nana, je veux que vous restiez... et que vous le voyiez...

— Qui?

— Le comte.

— Il va donc venir?

— Oh! je l'espère... Il vient tous les soirs... et à moins que... il ne se soit battu...

— Il s'est battu, dit le baron.

Nana devint pâle et étouffa un cri.

Ce cri et cette pâleur furent, aux yeux du baron, le plus élogieux, le plus énergique plaidoyer de la vertu de madame de Nesles.

— Rassure-toi, dit le baron, qui se

sentit allégé d'un poids immense, il est sain et sauf... et il viendra.

Comme il achevait, on sonna à la grille.

Nana courut à la croisée et vit un fiacre arrêté.

— Madeleine! appela-t-elle.

La servante accourut avant d'aller ouvrir.

— Tu feras monter M. le comte au premier, dit Nana.

Madeleine alla ouvrir.

Nana et le baron s'étaient placés derrière la persienne.

M. de Nesles vit le comte de Morangis descendre de voiture et regarder la servante avec étonnement.

—J'ai changé de bonne, et il n'en sait

rien, dit Nana; voilà pourquoi il est étonné. Ne bougez pas... Il est jaloux... Vous seriez obligé... pour me disculper... d'avouer que vous avez soupçonné Madame.

Le baron demeura immobile.

Le comte de Morangis traversa le jardin, passa devant le salon et monta au premier étage.

Alors Nana ouvrit la porte.

— Partez, monsieur le baron, dit-elle, partez!... partez vite!

Et M. de Nesles serra la main de Nana et s'enfuit...

Il avait honte de lui-même en songeant qu'il avait pu soupçonner sa femme!...

CHAPITRE QUATRIÈME.

IV

Tandis que Nana faisait esquiver le baron de Nesles, M. de Morangis suivait sans défiance aucune la servante au premier étage de la petite maison.

Si le jeune comte avait été un homme ordinaire, c'est-à-dire soumis aux passions humaines, si un cœur eût vibré dans sa poitrine, il eût éprouvé, sans nul doute, une véritable émotion en gravissant les degrés de l'escalier.

Car, — du moins il le croyait, — il allait voir la belle Pauline de Nesles.

Or, pour comprendre ce qu'il aurait dû ressentir, il est nécessaire de raconter brièvement l'histoire de cet amour violent et funeste qu'il avait su faire naître au cœur de la baronne.

M. de Morangis était arrivé un soir, — on s'en souvient, — dans le petit manoir morvandiau où la baronne vivait si heureuse entre son époux qu'elle aimait et sa petite fille rieuse et mutine.

Il y avait de cela un peu plus d'un an.

Le soir où M. de Morangis arriva, était précisément celui où, au retour de la chasse, le baron narrait à sa femme le conte charmant du romancier Charles Newil, — cette histoire d'un homme heureux qui s'éveillait un jour plein de terreur et regardait sa félicité avec une morne épouvante.

Or, la baronne semblait avoir obéi à la voix bizarre et mystérieuse des pressentiments. Car, avec ce jeune homme de vingt ans, au sourire railleur, aux lèvres blêmes, au front pâli dans les soupers galants et les nuits de plaisirs, la fatalité était entrée sous le toit du joli castel.

Un Italien eût frémi en subissant le regard du jeune comte de Morangis.

Le comte avait le *mauvais œil*.

Non point le mauvais œil qui épouvante à première vue, et sous le regard duquel le vulgaire frissonne, mais le mauvais œil qui séduit, attire, fascine comme celui du reptile charmeur.

M. de Morangis était arrivé, et, vingt-quatre heures après, trois femmes avaient tour à tour subi sa fatale influence : Nana, — la baronne Pauline de Nesles, — mademoiselle Blanche Charvet de Pierrefeu.

Et ce Don Juan précoce, et non moins habile déjà que son devancier le Don Juan de Marana, s'était plu à mener de front ces trois intrigues.

Nana, la fille du peuple, avait succombé la première.

Puis mademoiselle Blanche de Charvet de Pierrefeu, persuadée que le jeune comte n'aurait jamais d'autre femme qu'elle, s'était prise à l'aimer avec passion.

Enfin la baronne Pauline de Nesles, la première atteinte, la première blessée au cœur, après avoir lutté bien longtemps, s'était avouée vaincue.

Quinze jours après l'installation de Paul de Morangis au château, Nana avait disparu un soir, à l'heure ou passait la diligence publique.

Le lendemain, la baronne Pauline de

Nesles avait reçu de sa femme de chambre un billet dans lequel celle-ci prétendait avoir laissé à Paris, l'hiver précédent, un homme qu'elle allait rejoindre.

La baronne n'avait jamais soupçonné que Nana eût été enlevée par le comte.

D'ailleurs, M. de Morangis était demeuré plusieurs jours encore au château, contemplant la baronne et paraissant épris au dernier point.

Un matin, tandis que M. de Nesles

chassait, le jeune comte avait osé se présenter à Pauline en costume de voyage.

— Adieu, madame, lui avait-il dit, je pars aujourd'hui même.

— Vous partez! s'était écriée Pauline.

— Je pars, afin de rompre le mariage projeté par ma mère entre mademoiselle de Pierrefeu et moi.

Madame de Nesles était devenue pâle et tremblante à ces paroles.

— Et pourquoi donc rompez-vous ce

mariage? lui demanda-t-elle d'une voix altérée.

— Parce que je vous aime, osa-t-il répondre.

Elle jeta un cri ; mais il se jeta à genoux, et lui dit encore :

— Je pars ; adieu, madame. Vous ne me reverrez jamais...

Madame de Nesles le laissa partir ; elle s'efforça de l'oublier ; elle pria Dieu avec ferveur ; elle lutta deux mois avec l'énergie du désespoir contre le souvenir du jeune comte.

Mais l'hiver arriva et ramena la baronne à Paris.

L'hiver, les gens du même monde se reçoivent forcément. Au premier bal de la duchesse de G... C..., Pauline rencontra M. de Morangis.

Le séducteur parla de son amour, de ses souffrances; Pauline quitta le bal mourante et brisée.

Le lendemain elle reçut un billet du comte. Le comte avait osé écrire.

Madame de Nesles comprit aux battements de son cœur qu'elle était perdue si elle demeurait à Paris; et comme il ne fallait point songer à retourner en Morvan au cœur de l'hiver, elle gagna son médecin qui lui ordonna un voyage en Italie,

Pauline mit trois cents lieues entre le comte et elle ; le comte écrivit encore...

Le printemps ramena Pauline dans le château de Morvan, M. de Morangis osa s'y présenter... Il y arriva un soir à la nuit tombante. Pauline était seule, M. de Nesles était parti le matin pour Avallon, et devait, du reste revenir le soir même.

— Vous! s'écria Pauline, épouvantée et ravie tout à la fois.

Le comte la vit pâle et frissonnante, et comprit que l'heure du triomphe était prochaine.

— Oui, répondit-il, moi, madame. Moi qui vous ai aimée à ce point que ne sachant plus comment vous revoir, j'ai imaginé une infamie...

Elle le regardait avec stupeur.

— Il me fallait un prétexte pour revenir ici, et, n'en trouvant point, j'ai songé à renouer mon mariage avec Mademoiselle Blanche de Pierrefeu, ajouta-t-il.

Le comte ne disait point à Pauline que depuis près d'un an déjà, il était aimé de Nana, et que jamais il n'avait complétement rompu avec Mademoiselle de Pierrefeu.

L'adolescent avait l'habileté d'un vieillard ; il savait bien que parler de son mariage était porter le dernier coup à la résistance opiniâtre de la baronne.

— Oui, madame, dit-il encore, je vais renouer avec Mademoiselle de Pierrefeu, et je viens m'adresser à votre mari pour cela.

— Mon mari! exclama Pauline.

— N'est-ce point trouver un prétexte de passer quinze jours ici, de vous voir à toute heure, de vous contempler à mon aise...

Cette dernière perspective épouvanta la baronne.

— Oh! non, dit-elle, non, partez! il le faut... je le veux!...

— Et... si je pars? demanda le comte qui sentait Pauline trembler sous son regard.

— Mon Dieu! murmura-t-elle affolée, ne me faites pas de conditions... mais partez!

— M'écrirez-vous?

— Oui... partez! répéta-t-elle.

Le comte n'attendit point l'arrivée de M. de Nesles. Il laissa un petit billet insignifiant et reprit la route de Paris en se disant :

— Avant quinze jours Pauline sera complétement folle ou elle m'aura avoué son amour.

Le comte avait le coup d'œil sûr; moins de quinze jours après il avait reçu ce billet sans signature, qui l'avertissait du retour de la baronne, — billet qu'il avait si complaisamment montré à son ami M. Gustave Chaumont.

Pauline avait fini par succomber : — elle avait prétexté un besoin urgent de venir à Paris et elle y était venue, et son mari, confiant et bon, l'avait laissé partir sans se douter qu'il allait la suivre à quelques heures de distance.

Pauline avait loué, le matin même, cette maison du parc de Saint-James où elle attendait le comte quand Nana était arrivée, et sa mauvaise étoile avait voulu que Jean-François, son ancien jardinier, promenant à sept heures du matin, au bois, les deux trotteurs de M. Luxor, l'eût vu passer en fiacre et eût la fantaisie de la suivre.

Deux mots échangés, quelques heures après à la porte de Nana entre le cocher du comte et Jean-François, avaient appris à ce dernier toute la vérité.

Telle était donc la situation de la baronne Pauline de Nesles vis-à-vis du jeune comte Paul de Morangis, lorsque Nana était venue la surprendre et la forcer à partir.

Paul arrivait dans la petite maison comme un triomphateur ; il voyait déjà Pauline lui jetant ses deux bras autour du cou, et il monta au premier étage d'un pas leste, un orgueilleux sourire aux lèvres.

La servante ouvrit la porte d'une chambre à coucher devant lui.

Le comte aperçut sur un divan le manteau de la baronne, qui, on le sait, était partie enveloppée dans le châle de Nana. Ce manteau était un grand plaid écossais que la baronne portait par les soirées un peu fraîches, et que le comte reconnut sur-le-champ pour l'avoir vu l'automne précédent sur les épaules de la jeune femme.

Madeleine prit un air étonné :

— Tiens, dit-elle, madame est descendue au salon. Monsieur veut-il être assez bon pour attendre ?

Paul se jeta sur un canapé et attendit, laissant redescendre la servante.

Quelques minutes après, un pas léger et le frou-frou d'une robe de soie se firent entendre dans l'escalier.

— Ah ! enfin ! pensa le comte, la voilà !

La porte s'ouvrit et Paul de Morangis qui s'était levé recula stupéfait...

Nana était sur le seuil.

Nana était calme, souriante.

— Ah ! dit-elle, vous ne vous attendiez pas à me trouver ici, sans doute ?

— Nana ! exclama le comte.

— Et c'était madame la baronne...

— Où est-elle ? s'écria Paul de Morangis avec un emportement subit.

— Elle n'est point ici.

— Pourtant...

— Pourtant elle vous attendait, — dit Nana, elle vous attendait, monsieur le comte? Et... elle vous aime...

Paul était pâle de fureur.

— Serais-je donc mystifié? murmura-t-il à mi-voix.

Et il regardait Nana et semblait se demander comment et pourquoi elle se trouvait là, — en un lieu où il s'attendait si peu à la rencontrer.

Nana prit soudain un air grave et triste :

— Monsieur le comte, dit-elle, je ne suis point venue ici parce que je vous aimais et que la jalousie m'avait mordue au cœur ; non, je suis venue ici parce que vous courriez un grand danger tous les deux.

— Tous... les... deux ? fit Paul étonné.

— Madame la baronne et vous.

— Un danger !...

— Oui, M. de Nesles sait tout.

— Hein?

— M. le baron est à Paris.

— Ah! bah!

— Il sort d'ici.

— Allons donc! exclama Paul.

— Il est venu vingt minutes après moi. J'ai eu le temps de vous sauver, de sauver madame, de la faire partir en lui jetant mon châle sur les épaules.

Et Nana raconta simplement, naïvement ce qu'elle avait fait.

M. de Morangis l'écouta froidement.

— Eh bien! dit-il, quand elle eut fini, tu es une sotte, Nana. Tu t'es mêlé de ce qui ne te regardait pas. J'aurais aimé que le baron me surprit aux pieds de sa femme. C'était un beau scandale et on eut parlé longtemps de notre duel.

Nana jeta un cri et chancela comme si elle eut été frappée au cœur :

—Vous êtes un monstre, murmura-t-elle d'une voix brisée.

CHAPITRE CINQUIÈME.

V

La baronne Pauline de Nesles avait pris, on se le rappelle, le coupé de Nana pour quitter le parc de Saint-James et retourner à Paris.

Tom avait rendu la main à Rutilant, et la vaillante bête s'en était allée en un quart d'heure à la rue Saint-Dominique.

Un peu avant d'atteindre la porte cochère de l'hôtel Charvet, la baronne fit signe au cocher d'arrêter.

Tom descendit de son siége et ouvrit la portière.

Madame de Nesles mit pied à terre glissa deux louis dans la main du nègre et le renvoya.

Puis elle se dirigea à pied vers l'hôtel Charvet.

De vieilles relations d'amitié existaient entre les Charvet de Pierrefeu et les Nesles. Ils étaient voisins de campagne depuis plus d'un siècle.

Le dernier comte de Pierrefeu avait été fort lié avec le baron de Raoul de Nesles, et ils avaient chassé ensemble pendant plus de dix années.

Depuis la mort du comte, le château

de la Morinière n'abritait plus que sa veuve et sa fille.

Les visites entre les deux familles étaient devenues un peu moins fréquentes.

Madame de Nesles avait trente ans, Blanche de Pierrefeu n'en avait pas dix-huit et sa mère en avait près de cinquante. Cette disproportion d'âge était pour quelque chose dans le ralentissement des relations.

Or, il y avait bien sept ou huit mois

que Pauline n'avait vu ces dames. Elle avait, comme on sait, passé l'hiver en Italie. Revenue d'abord à Paris, elle y avait séjourné quelques heures à peine et était repartie dans le Morvan.

Madame de Pierrefeu et sa fille avaient précisément quitté la Morinière quelques jours plus tard et étaient retournées à Paris.

Madame de Nesles pouvait donc croire le mariage du comte de Morangis avec Blanche de Pierrefeu complétement rompu, et cette dernière, en revanche, ignorait le premier mot de l'amour violent que la baronne éprouvait pour son fiancé.

C'était donc dans ces circonstances-là que ces dames allaient se revoir.

Ce que madame de Nesles avait souffert pendant le trajet du bois à la rue Saint-Dominique est chose impossible à redire. L'amour et la terreur, le désir et l'épouvante s'étaient emparés d'elle tour à tour,

Parfois son amour était si violent qu'elle se repentait d'avoir cédé à Nana, d'être partie sans voir Paul de Morangis.

Parfois aussi, elle avait songé à son mari, à cet homme si bon, si dévoué, si aimant, qui jusque-là avait eu en elle une foi aveugle… A cet homme qui, sans doute, serait impitoyable et cruel le jour où il serait trahi. Et puis, dans le court trajet qu'elle fit à pied, Pauline crut voir passer devant elle une petite fille au sourire d'ange, au cheveux bouclés, une ravissante créature qui l'appelait « maman, » et le remords entra dans ce pauvre cœur affolé.

Un moment elle crut se voir à quelques années de distance, proscrite, chassée de la maison conjugale, errant sans feu ni lieu, dans les honteuses solitudes du demi-monde, livrée aux caprices d'un amant sans amour, et rencontrant un soir à la porte d'une église une jeune fille svelte, au front pur, au regard candide, qui lèverait les yeux sur elle et ne la reconnaîtrait pas.

Alors la femme qui avait tremblé, hésité, faibli, n'hésita et ne trembla plus; elle avait failli glisser, elle se redressa fière et calme.

Le souvenir de sa fille avait été pour Pauline une ancre de salut; elle s'y cramponnait.

— Non, non, pensait-elle en sonnant à la petite porte de l'hôtel Charvet, il faut que j'oublie... il faut que je demeure une honnête femme... il faut que mon mari ignore éternellement le crime que j'allais commettre.

Lorsque la femme a pris son parti, lorsqu'elle est bien résolue à dissimuler, elle obtient de merveilleux résultats de sang-froid et de naturel.

Pauline de Nesles, si bouleversée quelques minutes auparavant, franchit le seuil de l'hôtel Charvet le sourire aux lèvres, et elle se fit annoncer sans la moindre hésitation.

La comtesse de Pierrefeu et sa fille, en dépit de l'heure avancée, étaient encore à table; mais l'intimité qui existait entre elles et la baronne leur permit de la recevoir dans la salle à manger.

— Comment! vous à Paris, en plein mois de juin, chère madame! s'écria la comtesse.

— Je suis à Paris sans mes gens, et ajouta Pauline en riant, il est bien heureux que je vous trouve à table, car je viens vous demander à dîner.

—Ah! l'aimable surprise! dit Blanche, qui fit un signe au grand laquais chamarré placé derrière elle. Et tandis qu'on apportait un couvert pour elle, Pauline désormais complétement maîtresse d'elle-même, continua d'un ton dégagé :

— Je me suis attardée comme une petite fille dans deux ou trois magasins, et je ne sais comment je me suis trouvée tout à coup dans votre rue.

— A pied ? demanda la comtesse.

— A pied.

— Et vous rentriez chez vous ?

— Je rentrais, espérant y trouver mon mari attardé comme moi, et, n'ayant pas trouvé à dîner chez le marquis, il m'eût emmenée chez Véry.

— Ah ! le baron est ici ?

— Oui, madame.

Pauline avait besoin de s'étourdir.

Tout en se mettant à table, elle raconta l'histoire de la succession du chevalier de Nesles et l'arrivée subite de son mari.

La baronne mangea sans faim et but sans soif; mais il lui fallait absolument avoir dîné quelque part afin d'établir son *alibi*.

En proie à une surexcitation nerveuse, elle parla beaucoup, s'efforça de rire et parvint à se donner l'attitude d'un femme parfaitement heureuse.

— Ainsi, lui dit la comtesse, M. de Nesles ne vous sait point ici, chère amie ?

— Comment le saurait-il ?

— Voulez-vous qu'on le fasse prévenir ?

Pauline hésita.

— Soit, dit-elle enfin.

Et se levant de table, la baronne s'approcha d'un petit pupitre et écrivit ces deux lignes :

« Cher,

» Je dîne chez madame de Pierrefeu,
» venez m'y chercher vers dix heures.

» Votre Pauline. »

— Où lui envoyer cela? demanda la comtesse,

Madame de Nesles réfléchit que son mari n'avait pu rester à Saint-James, même en admettant que Nana n'eût pu le convaincre. Dans les deux cas, il serait allé chez le marquis de Nesles, son cousin.

Elle indiqua donc l'hôtel que ce dernier possédait dans la rue Blanche, et un valet de pied partit avec la lettre qu'elle venait d'écrire.

— Venez au salon, chère baronne, dit la comtesse de Pierrefeu, c'est aujourd'hui mercredi, le jour où nous recevons quelques amis le soir, sans cérémonie, autour d'une table de thé. Blanche va nous faire un peu de musique tandis que nous sommes encore seules.

Mademoiselle Blanche Charvet de

Pierrefeu s'inclina et se mit au piano sans mot dire.

La jeune fille était pâle et triste, et si madame de Nesles avait eu tout sa présence d'esprit ordinaire, elle n'eut point manqué de s'apercevoir de l'altération de ses traits. Blanche n'était plus que l'ombre d'elle-même, et elle paraissait en proie à une souffrance inouïe. C'était le matin même, du reste, qu'elle avait rencontré M. de Mas, que ce dernier lui avait appris la parfaite indifférence de

M. de Morangis, et qu'alors révolté dans son orgueil, elle avait dit à son ancien prétendu :

— Si le comte refuse de m'épouser, tuez-le !

M. de Mas était parti, et Blanche savait qu'il exécuterait à la lettre l'ordre qu'elle lui avait donné.

Aussi, depuis le matin, la jeune fille était en proie à une sorte d'épouvante mêlée de remords.

Elle aimait Paul de Morangis, elle

l'aimait comme l'aimait Pauline, comme l'aimait Nana; elle l'aimait avec passion, avec frénésie, avec délire, et cependant elle l'avait condamné à mourir, et M. de Mas était homme à se faire tuer ou à tuer le comte.

Une heure après avoir prononcé cette sentence, Blanche avait voulu faire chercher M. de Mas et le supplier de ne pas même voir le comte.

Mais le sang hautain des Charvet avait

parlé plus haut que l'amour de mademoiselle de Pierrefeu :

Paul de Morangis refusant de l'épouser, l'outrageait et outrageait cruellement sa race.

Et puis, Blanche espérait encore... Qui sait? Paul avait la forfanterie de son âge, il avait pu se vanter... il avait pu vouloir faire croire chez lui à une profonde indifférence... mais il l'aimait cependant... il le lui avait dit... et Blanche espérait et croyait...

Ainsi que l'avait annoncé la comtesse de Pierrefeu, quelques intimes arrivèrent successivement entre neuf et dix heures.

Bientôt le salon de l'hôtel Charvet contint une quarantaine de personnes. Les tables de whist se formèrent. On fit cercle autour d'un conteur. Blanche demeura au piano.

Tout à coup on annonça le vicomte de Rastelli.

A ce nom, Blanche tressaillit et se leva.

M. de Rastelli était un tout jeune homme qui était fort lié avec M. de Mas et le voyait tous les jours.

— Ah! pensa Blanche, je vais savoir quelque chose...

Et son cœur se prit à battre bien fort, et elle regarda le jeune homme avec anxiété.

Madame de Nesles, parfaitement remise de son émotion depuis une heure, éprouvait cependant une vague terreur en songeant que son mari ne tarderait point à venir la chercher.

Le valet de pied était revenu, annonçant qu'il avait trouvé M. de Nesles à la porte même de l'hôtel du marquis.

M. de Nesles était pareillement arrivé fort tard; et Pauline, d'après ce détail, ne pouvait plus douter qu'il ne fût allé à Saint-James et n'y eût vu son ancienne femme de chambre.

La baronne n'était point coupable encore, mais elle s'était arrêtée à temps sur la pente fatale, et ce n'était point sans une vague épouvante qu'elle songeait à l'arrivée prochaine de son mari.

Blanche, qui avait quitté le piano pour s'approcher de M. Rastelli, rencontra la baronne sur son chemin et prit sa main dans les siennes.

— Venez, chère madame, lui dit-elle, nous allons demander au vicomte de Rastelli ce qu'il y a de nouveau dans le beau monde.

Blanche souriait en parlant ainsi; mais on eût entendu distinctement les battements de son cœur, lorsqu'elle dit au vicomte :

— Eh bien! monsieur, que nous apprendrez-vous ce soir?

Le vicomte s'inclina :

— Paris est désert, dit-il; par conséquent, la chronique chôme.

— Mais... enfin... dit la baronne, il y a bien toujours quelque chose.

— Oh! mon Dieu! oui, répondit le vicomte, il y a eu ce matin un duel au Café Anglais.

Blanche pâlit et sentit ses genoux fléchir.

— Au Café Anglais? répéta la baronne avec étonnement.

— Oui, madame.

— Singulier endroit pour un duel!

— En effet.

— Et entre qui ?

— Entre un de mes amis, qui heureusement est sain et sauf, et M. le comte de Morangis, répondit le jeune homme.

La baronne jeta un cri terrible et s'évanouit, tandis que Blanche de Pierrefeu s'affaissait mourante et brisée dans les bras de sa mère, qui avait tout entendu.

En ce moment, un homme franchissait le seuil du salon de l'hôtel Charvet.

C'était M. le baron de Nesles qui arrivait au moment où son épouse venait de se trahir.

CHAPITRE SIXIÈME.

VI

Nous avons laissé le jeune comte Paul de Morangis dans la petite maison du parc de Saint-James qui portait le numéro 19, au moment où Nana tombait sans connaissance sur le parquet.

— Cette fille est insupportable ! murmura-t-il avec humeur. Elle se mêle de mes affaires et les gâte...

Et le comte, furieux, sonna et dit à à la servante :

« Occupez-vous de madame. Moi, je suis pressé... bonsoir !... »

Paul de Morangis descendit, sans même jeter un regard à Nana évanouie, et gagna la grille.

La voiture qui l'avait amené n'était plus là.

— Au diable les rendez-vous manqués! grommela Paul, qui mit les mains dans ses poches et s'en alla à pied du côté du bois.

Il avait fait quelques pas à peine lorsqu'il s'entendit appeler par son nom :

— Hé! comte? disait une voix partant du fond d'un coupé qui stationnait à l'angle de l'avenue.

M. de Morangis s'arrêta.

— Voulez-vous une place? reprit la voix.

Paul s'approcha et reconnut le docteur rouge.

Le docteur fumait tranquillement son cigare, tandis que son cocher paraissait dormir.

— Tiens! dit le comte, que faites-vous ici?

— Je vous attendais.

— Vous... m'attendiez?...

— Ou plutôt j'attendais les événements, dit le docteur avec un sourire.

— Quels événements?

— Vous savez que j'étais au courant de votre rendez-vous avec la baronne?

— Eh bien!

— Eh bien! j'ai voulu la voir, cette Pauline de Nesles dont on vante la beauté.

— Et... vous... l'avez vue?

— Comme je vous vois.

— Vous êtes plus heureux que moi, en ce cas, murmura M. de Morangis, car moi...

— Vous ne l'avez point vue. Je sais

cela, et je suis même assez intrigué... Mais, dit le docteur s'interrompant, montez, cher comte.

Et il ouvrit la portière.

M. de Morangis s'assit auprès du docteur, qui lui dit encore :

— Où voulez-vous que je vous jette?

— Où vous voudrez... chez moi...

— Soit, dit le docteur.

Et comme le coupé roulait vers Paris, l'étrange personnage reprit :

— Figurez-vous que je m'étais embusqué là où vous m'avez trouvé. J'avais l'œil sur la petite maison, et personne n'y pouvait entrer ou n'en pouvait sortir que je ne le visse.

— Et vous avez vu sortir la baronne?

— D'abord, j'ai vu un fort beau coupé traîné par un trotteur magnifique qui est arrivé à toute vitesse et s'est arrêté devant la grille. Une jeune et jolie femme était dedans.

— C'était Nana, dit le comte.

— Ah! votre maîtresse?

— Précisément.

— Que venait-elle donc faire ?

— Elle venait prévenir la baronne que son mari savait tout.

— Ah ! bon ! dit le docteur, j'ai enfin la clef de l'énigme.

— Vraiment ?

— A présent, je comprends tout. Nana a prévenu la baronne qui est montée dans son coupé et s'est esquivée. Puis elle est demeurée à sa place...

— Justement.

— Et lorsque le mari est venu... car c'est bien lui, n'est-ce pas ?

— C'est lui.

— Il a trouvé Nana, laquelle lui aura dit que la baronne était calomniée, et que c'était elle, Nana, qui vous attendait.

—Tout cela est exact, docteur.

— Maintenant il est un dernier point encore un peu obscur pour moi.

— Ah !

—A peine étiez-vous entré dans la

maison, que le baron de Nesles en est sorti. Vous ne vous êtes donc pas rencontrés?

— Non.

— Nana est une fille assez forte, mon cher comte.

— Vous trouvez?

— Et vous ferez bien de la conserver.

— Il n'est pas moins vrai, murmura M. de Morangis, qu'elle m'a joué un fort vilain tour.

— Comment cela ?

— J'aurais été ravi que le baron me trouvât aux pieds de sa femme. C'eut été un esclandre dont tout Paris aurait parlé et qui m'eût débarrassé à jamais des obsessions de la sentimentale Blanche de Pierrefeu.

Le docteur rouge regarda Paul de Morangis avec admiration :

— Bravo ! dit-il ; vous êtes bien le fils que j'avais rêvé, sans cœur et plein d'orgueil.

Un sourire railleur vint aux lèvres de Paul :

—Vous avez raison, dit-il de me trouver orgueilleux, car je suis fort humilié depuis ce matin.

— Vraiment?

— Depuis la lecture de votre manuscrit.

— Ah! charmant! charmant! s'écria le docteur. Vous rougissez de votre père... c'est l'idéal de l'insensibilité!

Mais parlons d'autre chose. Ainsi, vous regrettez le zèle de Nana?

— Assurément.

—Et vous eussiez préféré que le baron sût tout?

— Incontestablement.

— Eh bien ! rassurez-vous, allez ! il saura tout...

— Comment cela?

— Je l'ignore... mais vous avez assez montré les billets de la baronne pour que quelque chose lui revienne au premier jour... et alors...

— Alors il viendra me provoquer.

— C'est probable.

— Ah! tant mieux! fit le comte du ton d'un dilettante qui vante un opéra.

Le coupé venait de s'arrêter devant la grille de l'hôtel Morangis.

— Bonsoir, comte! dit le docteur, à demain?

— A demain, fit M. de Morangis. Ah

ça, est-ce que nous devons nous voir tous les jours ?

— Non certes.

— Alors pourquoi à demain ?

—Mais, dit le docteur avec sang-froid, parce que probablement vous aurez eu des nouvelles du baron de Nesles d'ici là.

— Et qu'il me provoquera ?

— Soyez-en sûr.

— Est-ce que vous voulez me servir de témoin ?

— Certainement, et j'ai mes raisons pour cela, ricana le comte.

— Vraiment.

— Si je vous sers de témoin vous tuerez le comte.

— Bah! et si vous ne m'assistez pas?...

— Il vous tuera.

Le comte eut un éclat de rire.

— Vous êtes amusant, dit-il.

— Non, j'ai le *mauvais œil*, voilà tout.

— Je ne comprends pas, docteur.

— Je veux dire que je porte malheur quand cela me plaît, comprenez-vous?

—Oui, mais je ne crois pas au *mauvais œil*.

— Tant pis pour vous. A demain...

Et le docteur rouge serra la main de M. de Morangis qui avait mis pied à terre, et tira à lui la portière du coupé afin d'éviter de nouvelles explications.

Puis il cria au cocher :

— Hôtel du Luxembourg.

Le coupé partit. M. de Morangis rentra chez lui.

— Monsieur le comte, lui dit un valet de chambre, madame la comtesse est malade.

—Depuis quand? demanda Paul sans émotion.

—Depuis ce matin, et elle désire voir monsieur le comte, aussitôt qu'il rentrera.

M. de Morangis n'aimait personne, et il avait même une secrète aversion pour sa mère ; certainement il ne se dirigea point vers l'appartement de la comtesse, mû par un sentiment d'affection ou simplement de compassion, mais il fut dominé par un motif du curiosité.

— C'est la visite du docteur rouge qui lui aura porté sur les nerfs, se dit-il.

Et il entra chez sa mère.

La comtesse Hélène de Morangis, née de Coursières, était alors une femme de quarante-trois ou quarante-quatre ans, belle encore, au regard triste, et dont la vie semblait être en proie à quelque mystérieuse et terrible souffrance.

Lorsque son fils pénétra chez elle, elle était couchée sur une ottomane, les jambes couvertes d'un édredon, la tête appuyée sur des coussins; — elle tremblait de tous ses membres et avait un accès de fièvre nerveuse.

La vue de son fils amena un sourire sur ses lèvres :

— Ah! mon enfant, dit-elle, te voilà donc enfin !

—J'ignorais que vous fussiez malade, ma mère.

Le comte prit un fauteuil et le roula auprès de l'ottomane.

— Mon fils! mon enfant! murmura-t-elle en lui prenant la main. Ah! je me sens mieux puisque tu es près de moi...

— Avez-vous fait prévenir votre médecin?

— Non, mon médecin le meilleur, c'est toi...

Et elle lui sourit encore; puis tenant toujours ses mains dans les siennes :

— J'ai besoin de te parler, mon cher Paul, dit-elle ; je veux reprendre notre entretien de ce matin.

— Soit, fit le comte avec indifférence, que me disiez-vous donc ce matin, ma mère?

— Je te parlais... ou plutôt je voulais te parler de ton avenir.

— Ah !

— De ton prochain établissement.

— Pardon, ma mère, dit froidement M. de Morangis, est-ce que vous allez encore me parler mariage ?

— Ne dois-tu pas épouser Blanche de Pierrefeu ?

— J'y ai renoncé.

La comtesse pâlit.

— Ah ! c'est impossible ! dit-elle.

— Je ne l'aime pas...

— Mon Dieu ! mon Dieu ! murmura la pauvre femme, cela est donc vrai ?

Elle semblait faire allusion à quelque révélation mystérieuse.

— Quoi donc? fit le comte.

— Il est donc vrai que tu aimes la baronne de Nesles?

— Peuh! je n'en sais rien...

Cette cynique réponse acheva de glacer madame de Morangis.

— Ah! fit-elle tout bas, il a raison, cet homme, mon fils, n'a pas de cœur... Je me suis repentie trop tard!

Et soudain, comme si une réaction se

fût opérée en elle, la comtesse se dressa sur son séant et regarda fixement M. de Morangis.

— Paul, dit-elle, vous êtes mon fils.

— Je le sais, madame.

— Vous me devez la vérité.

— Je ne songe point à vous la cacher.

— Est-il vrai que vous aimiez la baronne?

— Non, dit froidement le comte, elle me plaît, voilà tout.

— Et... elle?

— Elle m'adore, répondit-il simplement et sans la moindre fatuité.

— Pensez-vous qu'elle se perde pour vous?

— Elle allait se perdre ce soir, lorsque le hasard, ou plutôt une amie de hasard, l'a sauvée.

Et M. de Morangis, qui était en verve de cynisme ajouta :

— Tenez, madame, si vous y tenez, je

vais vous raconter cette petite histoire.
Je gage qu'elle vous distraira.

— Parlez. murmura la comtesse, qui était anéantie.

Alors M. de Morangis narra fort tranquillement les événements de la soirée, et sa mère ne l'interrompit point. Seulement lorsqu'il eut fini, elle lui dit :

— Eh bien ! mon fils, si vous avez dans l'âme un sentiment humain, si vous n'êtes point un monstre vomi par l'enfer, vous ne reverrez jamais cette pauvre femme... et si jamais son mari...

La comtesse n'acheva point. Un domestique entra et dit à M. de Morangis :

— M. le comte est-il visible ?

— Pourquoi ?

— M. le baron de Nesles supplie M. le comte de vouloir bien le recevoir.

— Le baron de Nesles ! s'écria la comtesse épouvantée.

— Et serrant la main de son fils avec force :

— Ah ! vous allez tout nier, au moins ! lui dit-elle ; vous nierez tout, n'est-ce pas ?

— Cela dépendra, répondit-il avec calme.

Et se tournant vers le domestique ébahi de l'émotion que le nom du baron de Nesles avait produit sur la comtesse.

— Faites entrer M. le baron de Nesles dans mon fumoir, dit-il; adieu, ma mère...

Et le comte se leva et boutonna sa redingote, comme un homme qui s'attend à recevoir une provocation.

CHAPITRE SEPTIÈME.

VII

Le cabinet de M. Paul de Morangis était situé au deuxième étage de l'hôtel.

C'était une vaste et jolie pièce décorée

avec goût, meublée en vieux chêne, et dont les tentures sortaient de la manufacture de tapis des Gobelins.

Un désordre charmant y régnait,

Ici une grande étagère supportait des porcelaines de Sèvres et du Japon; là une panoplie se dressait entre deux bahuts de la Renaissance emplis de figurines de Saxe; plus loin un groupe de Pradier s'élevait sur un cippe en marbre noir et blanc.

Une collection de cravaches et de

fouets de chasse, quelques tableaux des maîtres modernes, un *Meissonnier*, un *Charles Comte*; deux saints de l'école espagnole, l'un peint par Vélasquez, l'autre par Murillo, complétaient cet ensemble d'objets d'art et de curiosités.

Ce fut dans cette pièce que Paul de Morangis trouva le baron de Nesles l'attendant.

Le baron était debout, adossé à la

cheminée, lorsque le jeune comte entra.

Quoique fort pâle, il paraissait calme.

— Bonjour, baron, dit le jeune comte en entrant et lui tendant la main.

— Bonjour, comte, répondit M. de Nesles.

Mais il ne prit point la main que M. de Morangis lui tendait.

— Comment! dit celui-ci, vous... me... refusez, baron?...

— Permettez, mon cher comte, répliqua froidement M. de Nesles. Je ne vous refuse ni ne vous tends la main. Je ne sais encore si nous sommes amis comme autrefois...

— Ah !

— Ou si nous devons nous couper la gorge demain.

— Par exemple ! fit Paul en riant.

— Veuillez m'écouter...

— Je vous écoute, baron. Asseyez-vous donc, je vous prie.

Le baron regardait attentivement son interlocuteur. Celui-ci était calme et froid; il ne s'était point récrié lorsque M. de Nesles avait parlé de duel, et c'était pour ce dernier le plus grave des soupçons.

M. de Nesles, malgré l'invitation de s'asseoir qui lui était faite, demeura adossé à la cheminée.

— Mon cher comte, reprit-il, je viens à vous la mort dans l'âme, la rage au cœur, et je viens faire appel à votre loyauté, à votre franchise de gentilhomme.

— Tudieu, baron, fit Paul de Morangis d'un ton léger, que vous est-il donc arrivé?

Le baron attachait toujours sur Paul un regard perçant.

— Il m'est arrivé ceci, dit-il. Écoutez: J'étais vers cinq heures à mon cercle et j'y ai reçu un billet anonyme.

— Ah!

— Un billet qui accusait un de mes

amis, un jeune homme pour qui j'ai été une manière de tuteur et de père, de me trahir.

— Bah!

— Ce billet me disait que ce jeune homme avait un rendez-vous... avec... Oh! dit le baron en posant sa main sur son front, vous devinez avec qui, n'est-ce pas?

— Continuez, dit froidement M. de Morangis.

De pâle qu'il était le baron devint livide, mais il continua cependant.

— Je suis allé à ce rendez-vous.

— Vraiment?

— Et j'y ai trouvé non point la femme que vous savez, mais... une autre... une femme entretenue... la maîtresse de ce jeune homme dont je vous parlais...

— Voilà qui est bizarre, baron, bizarre au dernier point, convenez-en! ricana M. de Morangis.

— Je suis sorti honteux de moi-même

poursuivit M. de Nesles, honteux et désespéré d'avoir soupçonné ma femme, et je suis allé dîner chez le marquis de Nesles, mon cousin.

— Ah! donnez-moi donc de ses nouvelles, baron! fit M. de Morangis parfaitement indifférent en apparence à ce que lui racontait M. de Nesles.

— Il va bien, merci, mais...

— C'est juste revenons à votre affaire... pardon, à votre histoire...

—Un billet de Madame de Nesles m'est arrivé chez le marquis.

— Pendant le dîner?

— Au moment où j'arrivais.

— Bien. Et ce billet?...

— Ce billet m'annonçait qu'elle dînait chez les dames de Pierrefeu.

M. de Morangis se mit à sourire d'un air moqueur.

Le baron continua :

—Ma femme m'annonçait qu'elle m'attendait à dix heures.

— Et vous êtes allé la prendre?

— Je suis arrivé à dix heures précises. Précisément, comme j'entrais, on parlait de vous.

— De moi?

— Mais oui, mon cher comte.

— Et qui donc?

— Le vicomte de Rastelli.

— Que disait-il?

— Il disait que vous vous étiez battu ce matin, au café Anglais, avec M. de Mas.

— Tiens! vous savez cela?

— Puisque je vous le répète.

— Et quel effet cette nouvelle a-t-elle produit chez Madame de Pierrefeu?

— Un assez bizarre...

— En vérité?

Le baron fit un pas vers M. de Morangis, comme s'il eût voulu l'examiner de plus près encore.

— Oui, reprit-il un effet bizarre... inattendu pour moi...

— Mon Dieu! vous m'effrayez...

— Deux femmes écoutaient le vicomte de Rastelli.

— Ah! ah!

— L'une était mademoiselle Blanche de Pierrefeu que vous devez épouser, dit-on.

— Peuh! dit M. de Morangis, ce n'est point encore fait... on verra... Et l'autre?

— L'autre, c'était ma femme.

— Eh bien!

— Eh bien! M. de Rastelli n'a pas eu

le temps de s'expliquer ; il a seulement dit que M. de Mas était sain et sauf... et alors...

Le baron parlait lentement, avec effort, sa gorge était crispée, et la voix qui en sortait était rauque.

— Et... alors ?... répéta Paul de Morangis.

— Alors, ces deux femmes se sont évanouies, acheva le baron.

— Ah ! par exemple ! ceci est bizarre, en effet, dit M. de Morangis. J'étais loin de m'attendre à ce dénouement, mon cher baron.

— Mais attendez donc, continua M. de Nesles : savez-vous quel était ce jeune homme qu'on me désignait dans le billet anonyme comme ayant rendez-vous avec ma femme?

— Voyons.

— C'était vous, dit le baron.

Et il croisa ses bras et continua à regarder M. de Morangis.

Le comte soutint ce regard.

Il y eut un moment de silence entre ces deux hommes qui s'étaient jadis donné la main.

— Eh bien! comte, dit enfin M. de Nesles, vous ne me répondez pas?

— Que voulez-vous donc que je vous réponde, baron?

— Je viens vous demander, vous sommer de me dire la vérité.

— Sur quoi?

— Sur ce billet.,. sur l'évanouissement de Pauline...

— Monsieur, répondit Paul, votre démarche est singulière.

— Ah! vous trouvez?

— Je n'ai point eu connaissance du billet qu'on vous a écrit, et je ne me trouvais point chez mesdames de Pierrefeu.

— Monsieur, insista le baron d'une voix qui était presque suppliante, depuis six années, j'ai été l'homme le plus heureux du monde, et aujourd'hui seulement mon bonheur s'est écroulé. Eh bien! un mot de vous peut le reconstruire...

— Je le dirai si c'est possible, monsieur.

— Dites-moi, reprit le baron, que vous n'aviez point rendez-vous avec madame de Nesles, ce soir, au parc de Saint-James, que vous ne l'avez pas vue.,.

— En effet, monsieur, je ne l'ai pas vue...

Le baron respira.

— Donnez-moi votre parole d'honneur que Pauline ne vous aime pas... et alors... oh! mon Dieu! alors... tenez, disposez de moi... je serai votre ami... je me ferai tuer pour vous... et...

— Monsieur le baron, interrompit froidement M. de Morangis, veuillez me permettre un mot.

— Lequel?

— Un galant homme n'engage jamais sa parole à propos d'une histoire de femme.

Ces mots, que l'homme sans cœur prononça froidement, furent un coup de foudre pour le baron.

Il eut un éblouissement, il chancela un moment comme un homme ivre et s'appuya à la tablette de la cheminée pour ne point tomber.

Mais soudain il se redressa, son œil étincela, ses lèvres s'arquèrent dédaigneusement :

— Vous êtes un lâche, dit-il, car vous

n'avez pas le courage de sauver la femme que vous avez perdue!

Et le baron ôta son gant, et il allait en frapper le comte au visage... lorsqu'une porte s'ouvrit.

Sur le seuil de cette porte une femme pâle, bouleversée, se montra.

C'était la comtesse de Morangis.

Elle alla droit à M. de Nesles et lui dit :

— Monsieur le baron, cet homme est un fat, cet homme n'a pas de cœur, cet homme est un vantard... Jamais madame de Nesles n'a failli à ses devoirs!...

La comtesse parlait avec indignation; elle dardait sur son fils un regard courroucé.

Mais la comtesse arrivait trop tard : M. de Nesles ne croyait plus!...

Elle se plaça néanmoins devant son fils, le regardant toujours, essayant de le fasciner :

— Mais jetez-vous donc aux genoux

de M. de Nesles, s'écria-t-elle enfin; mais dites-lui donc que vous êtes un misérable, que vous avez menti... que vous êtes un fat!., mais jurez-lui donc que madame de Nesles est pure!...

Le comte de Morangis haussait les épaules et gardait le silence.

Alors, en proie à un accès de folie et de désespoir, la comtesse saisit dans ses mains la main de M. de Nesles et lui dit :

— Eh bien! puisque cet homme se

tait, puisque ce misérable ne sait point vous dire la vérité tout entière, je vous la dirai, moi...

— Ceci est inutile, madame, répondit M. de Nesles, le silence de votre fils est plus éloquent que toutes les explications du monde.

Et le baron salua la comtesse, et s'approchant de Paul de Morangis :

— Demain... au bois... près Madrid... à huit heures ! dit-il.

— J'y serai, monsieur, répondit Paul.

La comtesse jeta un cri.

— Oh! dit-elle, cela est impossible! cela ne sera pas!... M. de Nesles ne peut pas se battre avec un misérable tel que vous!

Et, parlant ainsi, elle toisait M. de Morangis, et semblait vouloir l'écraser sous le poids de son regard.

— Allons donc! ma mère, répondit celui-ci en ricanant, je vous trouve bien sentimentale aujourd'hui, et bien préoccupée de la vie de M. de Nesles. Vous avez cependant dormi d'un profond sommeil, il y a un peu plus de vingt ans, pendant cette nuit qui précéda le duel dans lequel votre époux le comte de Morangis fut mortellement blessé.

La comtesse entendit et crut voir l'enfer s'entr'ouvrir sous ses pieds.

Elle ne jeta pas un cri, elle ne fit pas un geste, mais elle se prit à rouler autour d'elle un œil hagard et elle se laissa tomber enfin sur un siége où elle couvrit son visage de ses deux mains.

Puis deux larmes brûlantes jaillirent au travers de ses doigts, et elle murmura d'une voix si faible qu'on l'eût prise pour le dernier souffle d'un moribond :

— *Voilà mon châtiment!*

M. de Nesles salua froidement le comte de Morangis, et répéta :

— Demain, à huit heures, au bois. Amenez vos témoins et apportez vos armes.

— J'y serai, répondit le comte, qui

regardait d'un œil sec sa mère, qui pleurait à chaudes larmes.

. . . .

Le baron descendit l'escalier de l'hôtel Morangis, la tête haute, du pas assuré d'un homme que la foudre du ciel ne peut plus atteindre.

Une voiture l'attendait à la porte; il y monta et rentra chez lui.

Comme il traversait la cour de son hôtel, il leva la tête.

Une lumière brillait, au premier étage,

derrière les croisées de l'appartement de sa femme.

Il hésita un moment ; puis, enfin, cédant sans doute à quelque bizarre inspiration, il se dit :

— Je veux la voir une fois encore.

Et il monta.

Madame de Nesles était au lit, entourée de sa femme de chambre et d'un médecin qu'on était allé chercher.

Pâle, languissante, Pauline de Nesles était plus belle que jamais avec sa noire chevelure ruisselant sur son oreiller, son regard voilé, son attitude souffrante.

M. de Nesles entra sur la pointe du pied et vint jusqu'au lit.

— Eh bien! docteur? dit-il.

Madame de Nesles regarda son mari silencieusement, en proie à une pénible angoisse.

— Mais, monsieur le baron, répondit le médecin, ce n'est rien, absolument rien. Madame a éprouvé un de ces malaises qui vont jusqu'à l'évanouissement, et qui ont presque toujours pour cause les chaleurs excessives de l'époque où nous sommes.

— Ah! dit M. de Nesles, vous croyez?

— J'en suis sûr.

— Et cela n'aura aucune suite, au moins?

— Aucune.

Et, disant cela, le docteur se leva et dit:

— J'ai prescrit à madame une potion

anodine, un calmant léger. Je lui recommande le repos, et nous allons la laisser dormir.

— Comment! fit M. de Nesles, toujours parfaitement maître de lui, vous ne me permettrez pas de causer un moment avec ma femme?

— Oh! pardon... je vous laisse.

— Adieu, docteur, à demain!

— A demain! monsieur le baron.

Quand le docteur fut parti, M. de

Nesles fit un signe à la femme de chambre, qui sortit à son tour.

Alors il s'assit dans le fauteuil tout à l'heure occupé par le docteur.

— Pauline, lui dit-il, savez-vous qu'il y a aujourd'hui onze ans que vous êtes ma femme?

La baronne tressaillit et murmura d'une voix altérée :

— Pourquoi me dites-vous donc cela, mon ami?

Le baron poursuivit avec une grave émotion :

— Pauline, le bonheur est une chose dont il faut tenir compte à une femme, alors même qu'elle change un jour ce bonheur en désespoir.

— Monsieur !...

Et la baronne se dressa échevelée.

M. de Nesles lui imposa silence de la main.

— Laissez-moi parler, dit-il.

Puis, comme elle attachait sur lui un œil égaré :

— Pendant onze années, madame, j'ai été l'homme le plus heureux du monde. J'avais foi en vous, je vous aimais, et vous m'aimiez encore il y a un an. Vous souvient-il d'un soir où nous revenions de la chasse et où je vous racontais une histoire anglaise de Charles Newil?

— Oui, balbutia la baronne.

— C'était l'histoire d'un homme écrasé

par son bonheur et que l'épouvante du lendemain saisissait. Eh bien! j'étais comme cet homme : un pressentiment bizarre, sinistre, venait d'envahir mon âme.

— Raoul! s'écria madame de Nesles, mon Dieu! où voulez-vous en venir?

— Attendez!...

Et le baron reprit, après une pause.

— Ce jour-là, madame, le malheur est entré chez moi sous la forme d'un jeune homme de vingt ans. Ne vous défendez pas, Pauline, je sais tout, tout absolument.

La baronne voulut parler.

— Écoutez-moi encore, dit M. de Nesles. Je sais tout! Vous êtes allée à Saint-James, ce soir; Nana vous a sauvée. Vous vous êtes évanouie au moment où j'entrais chez madame de Pierrefeu, en apprenant que le comte de Morangis s'était battu le matin. Je sors de chez le comte. Je lui ai demandé la vérité, et il a gardé le silence; je l'ai adjuré de me dire si vous étiez digne encore de porter mon nom, et il s'est tû...

M. de Nesles n'eut pas le temps de continuer, car la baronne jeta un cri terrible et prononça un mot :

— Le misérable !!!

Et puis elle s'élança demi-nue hors du lit, courut à son mari qui s'était levé, le saisit par les mains, l'attira vers la cheminée sur laquelle brillait une lampe et lui dit :

— Tenez! tenez! regardez-moi!

Elle était belle de colère, d'indignation, de désespoir.

— Regardez-moi, reprit-elle, et voyez si je mens! Cet homme est un misérable, cet homme a menti!...

Le baron gardait le silence.

Il y avait sur la cheminée un petit poignard à manche de nacre, à fourreau d'argent, un bijou de ciselure et de travail que le baron avait rapporté d'Italie.

Pauline prit ce poignard.

— Tiens! dit-elle, prends et tue-moi! J'ai été folle, j'ai été coupable, mais je suis restée digne de porter ton nom. Si tu doutes une minute, tue-moi!...

Le baron prit le poignard et le jeta loin de lui.

— Je te crois, dit-il simplement.

Et puis il prit sa femme dans ses bras,

l'enlaça avec tendresse, la couvrit de baisers et lui dit :

— Tu comprends maintenant qu'il faut que je tue cet homme!...

CHAPITRE HUITIÈME.

VIII

M. de Nesles rentra chez lui, une heure après, et s'enferma dans son appartement.

Puis il s'assit devant une table sur

laquelle il y avait tout ce qu'il faut pour écrire. Mais avant de prendre la plume, il se prit à rêver un moment et murmura :

« J'ai été officier de chasseurs d'Afrique, je me suis battu vingt fois, j'ai assisté à près de soixante duels, et j'ai fait une remarque étrange : le vainqueur a presque toujours tort. L'homme insulté est souvent blessé, quelquefois tué. L'insulteur se tire ordinairement d'affaire. Croyez, après cela, au jugement de Dieu ! Si je m'adresse ces réflexions, c'est que je trouve bon de tout prévoir et de prendre mes précautions. Je vais faire mon testament. »

Le testament de M. de Nesles fut laconique et ne contint que ces trois lignes :

« J'institue Jeanne, ma fille unique, ma légataire universelle, et je laisse à ma femme la jouissance de la moitié de ma fortune.

» Baron RAOUL DE NESLES. »

Quand il eut plié et cacheté son testament, le baron alla décrocher à une panoplie une paire d'épées de combat, qu'il fit siffler et tournoyer l'une après l'autre, et dont il essaya la flexibilité sur le parquet, après les avoir mouchetées avec un bouchon.

Ensuite il ouvrit un bahut duquel il retira une boîte de pistolets, et il fit subir à ces armes la même inspection minutieuse.

Ces préparatifs accomplis, le baron sonna son valet de chambre.

— Antoine, lui dit-il, vous m'éveillerez demain à cinq heures et demie, et vous irez me chercher une voiture de place.

Ces ordres donnés, M. de Nesles se mit au lit et s'endormit profondément au bout d'une demi-heure. Il avait le droit de dormir : Pauline lui avait juré qu'elle était innocente, et il avait cru Pauline!...

A cinq heures et demie du matin, le valet du baron entra dans sa chambre et l'éveilla.

M. de Nesles sauta hors du lit et s'habilla en un clin d'œil, tout en donnant à sa toilette les soins minutieux qu'un homme bien élevé a l'habitude d'y apporter un jour de rencontre.

— La voiture est en bas, dit Antoine.

M. de Nesles roula les épées dans un fourreau de serge, ferma la boîte de pistolets et remit le tout à son domestique.

— Place cela dans la voiture, lui dit-il.

Tandis que le valet emportait les épées et les pistolets, le baron prit le testament qu'il avait écrit la veille et descendit chez sa femme.

Madame de Nesles n'avait point fermé l'œil et elle avait pleuré toute la nuit. Elle vit entrer son mari et essaya de lui sourire.

— J'ai les yeux rouges, lui dit-elle,

et j'ai bien pleuré... mais ne craignez rien, ami, je hais ce misérable autant que vous, et je sais bien qu'il faut que vous vous battiez...

Et comme le baron se penchait vers elle, Pauline lui jeta ses deux bras blancs autour du cou.

— Tu as un enfant, dit-elle, et Dieu sera pour toi?... pars!...

Elle lui donna un baiser fiévreux.

— Pars! répéta-t-elle, le cœur pourrait me manquer.

Le baron se dégagea de l'étreinte passionnée de sa femme; puis il déposa silencieusement le testament sur le guéridon placé au chevet de sa femme.

Au pied du lit de Madame de Nesles, dans la vaste alcove, il y avait un autre lit blanc et mignon, abrité par des rideaux de soie.

Le baron souleva ces ridaux et aperçut sa fille endormie.

Un moment il demeura là, immobile, la main sur son front, contemplant la petite fille qui sommeillait paisiblement.

Puis il se pencha, effleura de ses lèvres les boucles de cheveux blonds répandues à profusion sur l'oreiller de l'enfant, et, poussant un soupir, il s'éloigna brusquement.

— Où va monsieur ? demanda le valet de chambre en ouvrant la portière de la voiture.

— Rue de Moncey, répondit le baron, qui s'était dit : « il me faut deux témoins, allons d'abord prendre le marquis. »

Le marquis Raoul de Nesles, qui dormait du plus profond sommeil lorsque son cousin le baron arriva, le marquis, disons-nous, était un homme de près de cinquante ans, ancien colonel de cavalerie, et qui avait été très *batailleur* dans sa jeunesse. C'était un témoin par excellence.

— Mon ami, lui dit M. de Nesles, je me bats dans une heure.

— Allons donc! fit le marquis en se frottant les yeux.

— Parole d'honneur!

— Avec qui?

— Je te le dirai tout à l'heure.

— Pourquoi te bats-tu?

— Parce que on a outragé ma femme.

— Oh! oh! fit le marquis, ce motif est sans réplique, et, pour un fait semblable, je te laisserais battre avec mon propre fils.

— Eh bien! marquis, répondit M. de Nesles, tu me mets à l'aise.

— Hein?

— Car je vais tuer un jeune homme que tu aimes...

— Que veux-tu dire ?

— Et que tu m'as recommandé, jadis, si j'ai bonne mémoire.

Le marquis bondit hors de son lit :

— Son nom? s'écria-t-il.

— C'est le jeune comte de Morangis.

— Ah! mon Dieu! exclama le marquis, es-tu fou?

— Non.

— Et... il a... outragé...?

— Ma femme. Lui ou moi sommes de trop en ce monde.

— Corbleu! mon cher, dit le marquis, c'est une singulière corvée que tu m'imposes-là.

— Pourquoi?

— Parce que je suis l'ami de Madame de Morangis.

— Je le sais; mais tu es mon cousin.

— Voilà un mot qui me clôt la bouche.

— Et... par conséquent...

— C'est bien, le reste est inutile, je suis tout à toi.

Le marquis s'habilla.

— As-tu un second témoin?

— Non.

— Sur qui comptes-tu ?

— Sur n'importe qui, le vicomte de R... ou le colonel C...

— Le vicomte habite le faubourg Saint-Honoré.

— Nous le prendrons en passant.

— Du tout, sonnons, en passant, rue de Londres, chez un de mes vieux amis du régiment, le commandant Gauthier. Il a une excellente tenue et il est muet comme la tombe, ce qui n'est pas une mince considération... puisqu'il s'agit de ta femme.

— Soit, dit M. de Nesles.

— Tu es en voiture?

— J'ai un cabriolet de place.

— Je vais le faire renvoyer et dire qu'on attelle mon coupé-chaise. A quelle heure te bats-tu ?

— A huit heures.

— C'est bien : nous avons plus d'une heure devant nous.

Le marquis de Nesles sonna, donna des ordres, et, dix minutes après, il montait en voiture avec son cousin le baron.

A sept heures du matin, où trouve-t-on le monde chez soi, à Paris ?

Le commandant Gauthier n'était point au lit comme son ancien colonel le marquis de Nesles. Tout au contraire, le vieil officier fumait une pipe culottée, au balcon de son petit appartement situé au cinquième, et quand il vit arriver cette visite matinale, il devina tout de suite ce dont il devait s'agir.

— Je suis à vous, colonel, je devine que vous avez besoin de moi.

— Justement.

— Faut-il partir ?

— Sur-le-champ. Monsieur se bat à huit heures.

Et le marquis désignait son cousin, M. de Nesles.

Le commandant Gauthier remplaça, par une redingote bleue qu'il boutonna jusqu'au menton, sa robe de chambre du matin, assura son chapeau de forme évasée sur sa tête, l'inclinant un peu sur l'oreille, et s'arma d'une grosse canne de palmier qu'il avait rapportée d'Afrique.

M. de Nesles et ses deux témoins montèrent en voiture et se firent conduire au bois.

— A quoi songes-tu, baron, demanda le marquis pendant le trajet, tu es bien silencieux...

— J'attends ma demangeaison habituelle dans le creux de la main.

— Qu'est-ce que tu nous chantes là, mon cher?

— Écoute, répondit le baron en souriant, tu sais que nous avons longtemps servi en Afrique?

— Eh bien?

— Chaque fois que je me suis battu, j'ai éprouvé une demangeaison dans le creux de la main, ce qui était pour moi un signe certain que je tuerais mon adversaire.

— Allons donc!

— Et j'attends cette demangeaison avec confiance, ajouta le baron en souriant.

Huit heures sonnaient comme le baron et ses deux témoins, atteignirent le rendez-vous.

Le comte Paul de Morangis s'y trouvait déjà, se promenant de long en large, en compagnie d'un petit homme au teint basané, au regard profond et noir, à la mise excentrique, et qu'il était facile de reconnaître pour ce personnage à moitié fantastique qu'on nommait le docteur rouge.

A quelques pas se trouvait le breack de chasse du comte, et dans ce breack M. Gustave Chaumont son deuxième témoin.

M. de Nesles s'avança vers eux et salua son adversaire; puis il s'éloigna de quelques pas et ses témoins seuls demeurèrent.

M. Gustave Chaumont était descendu

du breack et avait rejoint le docteur rouge.

La conférence des témoins fut courte. M. de Nesles avait le choix des armes et il optait pour le pistolet, avec cette réserve qu'on se battrait ensuite à l'épée, si quatre balles étaient échangées sans résultat.

Il fut convenu que ces messieurs se placeraient à trente pas et feraient chacun cinq pas l'un vers l'autre, en ayant la faculté de tirer à volonté.

Les armes furent tirées au sort. Le sort favorisa M. de Nesles : il devait se battre avec ses pistolets, dont il avait une longue habitude.

Tandis que les témoins réglaient ces conditions, le baron regardait le docteur rouge.

Deux fois celui-ci leva les yeux sur lui, et deux fois le baron tressaillit et éprouva comme un malaise subit.

Le marquis revint vers lui avec le commandant Gauthier.

— C'est fait, lui dit-il.

— Tout est prêt ?

— Tout.

— Ah !

La voix du baron était légèrement altérée.

— C'est singulier, dit-il tout bas, je ne sens pas ma démangeaison.

Le marquis haussa les épaules.

— Tu es fou, dit-il.

— Non, parole d'honneur ! continua

le baron. Et puis le regard de cet homme m'est insupportable !...

— De qui parles-tu ?

—De cette espèce de mulâtre qui sert de témoin au comte.

— Sais-tu quel est cet homme?

— Non.

— C'est un médecin brésilien qu'on appelle le douteur rouge.

— Ah! vraiment? Eh bien! il a un regard qui...

M. de Nesles s'arrêta brusquement.

—Ceci est singulier, dit-il, j'ai comme un frisson. Pourtant nous sommes en plein été...

Il tressaillit tout à coup.

— C'est le regard de cet homme qui me fait froid, dit-il.

Le commandant Gauthier et M. Gustave Chaumont avaient chargé les pistolets.

Chacun d'eux revint vers celui à qui il servait de témoin et lui remit son arme.

— Allons, messieurs, en place ! cria le marquis de Nesles, qui se pencha à l'oreille de son cousin et lui dit :

— Casse-lui un bras, mais ne le tue pas !

Le baron ne répondit pas.

M. de Nesles sentait peser sur lui, à trente pas de distance, le *mauvais œil* du docteur rouge, et il pensait ainsi :

—A quarante pas, je colle deux balles l'une sur l'autre; mais aujourd'hui la main me tremble et je suis incapable de tirer juste.

Le baron de Nesles s'était placé à l'endroit indiqué, et les deux adversaires, séparés par la distance fixée, attendirent, le pistolet au poing, qu'on leur donnât le signal.

Le commandant Gauthier frappa trois coups dans sa main, les espaçant régulièrement, selon la méthode ordinaire,

Au troisième, M. de Nesles fit un pas

en avant, tandis que M. de Morangis demeurait immobile.

Puis il éleva lentement son pistolet, ajusta, l'espace d'une seconde, le comte entre les deux yeux, et pendant cette seconde, il put considérer ce dernier comme un homme mort...

Le docteur rouge, placé à six pas, sur le côté, derrière un tronc d'arbre, ne regardait plus le baron.

Mais soudain, comme M. de Nesles appuyait sur la détente, le docteur tourna l'arbre, et son regard pesa de nouveau sur l'adversaire du comte.

M. de Nesles fit feu, et sa balle passa à un demi pouce de la tête de M. de Morangis, dont elle traversa le chapeau.

— Je suis un maladroit, murmura M. de Nesles.

Et, jetant son pistolet, il croisa les bras et s'effaça pour essuyer le feu de son adversaire.

Alors M. de Morangis, jusque là immobile, se mit en marche lentement, il fit deux pas, s'arrêta un moment, puis en fit encore un, puis encore un...

M. de Nesles attendait, et l'anxiété s'était emparée des témoins et les serrait à la gorge.

— Mais tirez donc! lui cria le marquis, tirez, monsieur!

Le comte fit son cinquième pas, ajusta son adversaire et fit feu.

La balle ne siffla point, et pendant une minute on put croire qu'elle s'était perdue, car le baron de Nesles demeurait debout. Mais tout à coup on le vit chanceler, tournoyer un moment sur lui-même. Et le marquis accourant, le reçut dans ses bras et fut aussitôt couvert de son sang.

Le baron avait été frappé en pleine poitrine.

— Ma femme!... ma fille!... murmura-t-il d'une voix éteinte.

Et il expira.

Le docteur rouge s'était approché du comte de Morangis parfaitement calme, et qui se tenait à l'écart avec une dignité irréprochable.

— Eh bien! lui dit-il, vous croyez avoir tué le baron?

— Parbleu! répondit Paul.

— Vous vous trompez, ce n'est pas vous, c'est moi...

Paul haussa les épaules.

— Si je ne l'eusse pas regardé au moment où il vous ajustait, vous étiez mort... A quoi tient la vie, hein!...

Et le docteur eut un petit rire sec,

tandis que le marquis de Nesles, éperdu, sontenait dans ses bras le cadavre de son malheureux cousin-

CHAPITRE NEUVIÈME.

IX

Tandis qu'on rapportait à Paris le cadavre de M. le baron Raoul de Nesles, madame la comtesse Charvet de Pierrefeu était assise au chevet de sa fille.

Blanche, on s'en souvient, s'était évanouie la veille au soir, simultanément avec madame de Nesles, en apprenant que le comte de Morangis s'était battu, le matin, avec M. de Mas.

Lorsque la jeune fille était revenue à elle, elle s'était vue entourée par sa mère et quelques personnes amies qui étaient demeurées.

Ce double évanouissement avait causé un grand émoi et presque un scandale dans le salon de madame de Pierrefeu.

Heureusement personne, si ce n'est M. de Nesles, n'avait entendu prononcer le nom de M. de Morangis et celui de M. de Mas.

Seul le vicomte de Rastelli avait deviné que la baronne et Blanche aimaient toutes deux le jeune comte.

Le baron avait emmené sa femme dans la voiture de madame de Pierrefeu,

Quant à Blanche on l'avait mise au lit, et ce n'avait été que longtemps après qu'elle avait pu reprendre ses sens.

Durant toute la nuit, la jeune fille avait été en proie à une fièvre brûlante.

L'œil sec, la gorge aride, elle n'avait point prononcé un mot; en vain la comtesse éperdue l'avait-elle supplié de parler; en vain le vicomte de Rastelli, qui était parti le dernier, s'était-il penché à son oreille lui disant :

— Rassurez-vous, mademoiselle, le comte a reçu une simple égratignure.

Blanche gardait un silence farouche, et qui faisait craindre le délire.

Au matin seulement, la fièvre s'était calmée.

Alors la jeune fille avait fondu en larmes.

Pourquoi Blanche se désespérait-elle ainsi puisque l'homme qu'elle aimait était sain et sauf?

C'est que la rencontre de M. de Mas

et de M. de Morangis était pour elle un arrêt de mort; c'est que si le comte s'était battu, c'était après avoir refusé nettement de l'épouser.

Et puis, si subit qu'eût été son évanouissement, la jeune fille avait eu le temps de voir madame de Nesles défaillir et se trouver mal la première. Et Blanche était devenue jalouse, et elle avait tout deviné...

Lorsque madame de Pierrefeu, que le regard fixe et morne et le silence farouche de sa fille avaient épouvanté, la vit fondre en larmes, elle se sentit soulagée.

Blanche pleura longtemps, la tête cachée dans ses mains; puis, lorsque ses larmes coulèrent moins abondantes, sa mère la prit dans ses bras et lui dit :

— Ma chère enfant, pourquoi pleures-tu? parce que ton fiancé a eu une querelle et a risqué sa vie? Le jour où il deviendra ton mari, il nous jurera de ne plus se battre.

Ces paroles de la comtesse attestaient qu'elle n'était nullement au courant de la situation.

Blanche essuya ses larmes et répondit à sa mère :

— Vous vous trompez, M. de Morangis n'est pas mon fiancé.

— Hein? fit la comtesse.

— Ou plutôt il ne l'est plus.

Et comme la comtesse se récriait, Blanche poursuivit ;

— Savez-vous pourquoi, ma mère, M. de Mas s'est battu avec lui?...

— Afin de se venger, sans nul doute, du refus de ta main qu'il a essuyé, dit madame de Pierrefeu.

— Vous vous trompez, ma mère.

— Pourquoi donc, alors?

— Parce que je l'en ai prié.

— Toi?

— Moi.

Et Blanche retrouva son sang-froid et dit encore :

— J'aime M. de Morangis à en mourir, mais je le méprise.

Madame de Pierrefeu se demanda un moment si sa fille n'était point devenue folle.

— Je le méprise, dit-elle, parce qu'il a osé me jouer, parce qu'il m'a trompée et que, il y a deux jours, il a montré mes lettres dans son club, déclarant hautement qu'il n'avait jamais eu l'intention de m'épouser.

— Oh! le misérable! s'écria la comtesse avec indignation,

— M. de Mas m'aime toujours, poursuivit Blanche, et c'est par amour pour moi qu'il a provoqué M. de Morangis.

Madame de Pierrefeu écoutait sa fille et levait les yeux au ciel.

— Ma mère, reprit la jeune fille, tu vas m'emmener loin de Paris, n'est-ce pas?

— Tu veux partir?...

— Oui, emmène-moi... où tu voudras... pourvu que ce soit loin... bien loin... Oh! que je souffre! et comme je l'aimais!

— Mais, dit madame de Pierrefeu, qui sait si le comte de Morangis ne reviendra pas... qui sait!...

Blanche arrêta sa mère d'un geste.

— Tais-toi! dit-elle.

Et comme la comtesse paraissait ne point comprendre, la fille des Charvet se redressa, son œil encore rempli de larmes eut un éclair de fierté.

— Tu es folle, mère, dit-elle, folle de penser que je consentirai jamais à revoir cet homme !...

— Ainsi tu veux partir ?

— Oui, sur-le-champ.

— Mais, c'est impossible...

— Ce soir, enfin.

— Soit, mon Dieu ! murmura la comtesse.

Elle sonna et dit à son valet de chambre :

— Joseph, vous demanderez des chevaux de poste pour huit heures du soir.

Blanche murmurait :

— Je veux avoir du courage, je veux essayer de l'oublier... je veux vivre pour ma mère !...

On annonça la visite du médecin.

C'était un jeune docteur qui s'était trouvé la veille dans le salon de la comtesse et avait prodigué les premiers soins à Blanche lors de son évanouissement.

Il se nommait le docteur Bourjet,

médecin distingué de la Faculté de Paris.

Le docteur, qui n'avait pas trente ans encore, jouissait déjà d'une certaine réputation. Mais il avait le défaut de son âge : il était léger.

Le docteur Bourjet avait une certaine fortune personnelle, il gagnait déjà beaucoup d'argent et menait la vie élégante.

Il était lié avec les hommes de cheval les plus connus, soupait à la Maison-d'Or, déjeunait au café Anglais.

— Je vous demande mille pardons, madame, dit-il en posant son chapeau et sa canne dans un coin. J'aurais dû me présenter beaucoup plus tôt. Heureusement mademoiselle est mieux, beaucoup mieux qu'hier. Un évènement tragique, dont tout Paris s'occupe à l'heure qu'il est, est seul la cause de mon inexactitude.

Blanche tressaillit; elle eut comme un vague pressentiment.

— Mon Dieu! dit la comtesse, de quel

évènement tragique parlez-vous, monsieur?

— De la mort d'un homme qui, hier à dix heures, était chez vous.

— Ah! mon Dieu! s'écria la comtesse, que me dites-vous donc?

— Le baron de Nesles a été tué ce matin en duel, madame.

— Ciel!

— Il est mort sur-le-champ.

— Mais vous rêvez, docteur, c'est impossible! hier...

— Oui, je vous le dis, hier il était chez vous, madame. Et ce matin...

Blanche, pâle et muette, semblait suspendre son âme aux lèvres du docteur.

— Tué en duel! répétait la comtesse atterrée... tué en duel!...

— Il a été frappé d'une balle dans le sternum.

— Et par qui, mon Dieu?

— Par un jeune homme que vous devez connaître aussi, madame, et qui, paraît-il, ajouta le docteur en baissant la voix, était... l'amant de sa femme.

Mais si bas qu'eût parlé le docteur, Blanche avait entendu, et elle étouffa un cri.

— Oui, répéta le docteur, M. le baron de Nesles a été tué ce matin par le comte de Morangis.

Madame de Pierrefeu jeta un cri auquel répondit un strident éclat de rire...

Blanche venait de se dresser sur son séant et riait convulsivement.

La jeune fille n'avait pu résister à ce dernier coup...

Elle était folle!...

FIN DE LA PREMIÈRE PARTIE.

DEUXIÈME PARTIE.

LES SECRETS DE BABYLONE.

CHAPITRE PREMIER.

I

Octobre tirait à sa fin.

Cependant le soleil était chaud encore, le vent tiède, et les arbres n'avaient point perdu leur chevelure verte.

On avait chassé à courre au château de Mailly-sur-Yonne, depuis neuf heures du matin jusqu'à trois heures de l'après-midi, moment où la bête de chasse, un daim dix cors, avait fait tête aux chiens et s'était laissé abattre d'un coup de carabine.

L'hallali avait eu lieu dans un jeune taillis, au bord d'un étang, à un kilomètre à peine du parc.

Le château de Mailly appartenait à

M. Victor Séclain, une des célébrités du sport parisien.

M. Victor Séclain était le fils du baron Séclain, qui avait fait sous l'Empire une fortune de plusieurs millions, en commanditant les fournisseurs de l'armée d'Espagne.

C'était un homme de quarante-cinq ans, parfaitement bien élevé, encore beau, et qui avait eu de grands succès auprès des femmes, — succès couronnés par son mariage.

M. Séclain s'était marié tard, aux environs de la quarantaine, et, chose rare! il avait épousé une jeune fille de vingt ans qui l'aimait à l'adoration.

Du reste, on lui donnait volontiers dix ans de moins; il n'avait pas une ride, pas un cheveu gris, et sa taille avait conservé son élégante souplesse d'autrefois.

M. Victor Séclain, qui avait dédaigné de porter le titre de baron que l'Empeeur avait octroyé à son père, était beau cavalier, conduisait son phaëton avec une habileté consommée, jouait et perdait galamment, avait une loge à l'Opéra, une aux Italiens, faisait partie du Jockey club et possédait, dans son hôtel des Champs-Élysées, au numéro 5 de l'avenue Marbeuf, une galerie de tableaux très-estimés des amateurs.

En outre, M. Séclain était un éleveur distingué, il faisait courir et avait un cheval, *Vert-de-Gris*, qui avait gagné trois années de suite le prix d'honneur à Chantilly

Pendant l'automne, il habitait son château de Mailly-sur-Yonne, et il était dans le pays un des représentants les plus distingués de la vénerie moderne.

La société de Rallie-Morvan, digne émule de celle de Rallie-Bourgogne, l'avait proclamé son chef.

Dès les premiers jours d'octobre, M. et madame Victor Séclain arrivaient au château de Mailly, amenant avec eux une nombreuse société ; et aussitôt que les chasses étaient organisées, la gentilhommerie des environs s'y donnait rendez-vous.

Cette année-là, madame Séclain avait offert l'hospitalité de son manoir à une famille anglaise composée de trois personnes, le mari, la femme et la sœur de cette dernière.

Lord Galwy était un *excentrique* sérieux, un Anglais de la bonne roche qui luttait consciencieusement avec le spleen ;

c'était un homme de trente-cinq ans, un peu obèse déjà, à peu près chauve, d'une beauté régulière et sans expression.

Lord Galwy avait passé l'hiver précédent à Cannes, et l'été à Bade, où il avait fait la connaissance de M. et madame Séclain.

Le sportman parisien et le gentleman anglais s'étaient liés à la table du trente et quarante. Ils avaient un soir poussé une *série* de conserve, et la banque du trente et quarante avait *sauté* aux applaudissements de la galerie.

Un voyage en Suisse avait cimenté cette jeune amitié.

M. Séclain et lord Galwy s'étaient retrouvés à Lucerne, au mois d'août. Lord Galwy avait parié qu'il traverserait le lac des Quatre Cantons à la nage, de Lucerne à Küssnach; M. Séclain avait tenu le pari, et l'Anglais avait failli se noyer en vue du Righi.

M. Séclain, en empochant les guinées

de son partner, avait cru devoir l'inviter à le venir visiter en Morvan, dans son château de Mailly-sur-Yonne.

Lady Galwy était une blonde anglaise, vaporeuse, romanesque, lectrice passionnée d'Anne Radcliffe.

Mais lady Galwy avait une sœur, et cette sœur formait avec elle un contraste complet tant au moral qu'au physique.

Miss Sarah était brune comme une fille d'Andalousie, elle avait la chevelure abondante et crêpée, l'œil noir et profond, les lèvres rouges comme une cerise de juin.

De taille moyenne, admirablement bien prise, miss Sarah avait une beauté irrégulière qui excitait l'enthousiasme des gentlemen répandus sur la surface du globe, qu'elle avait déjà parcouru à peu près en entier.

Au moral, miss Sarah était plus Parisienne qu'Anglaise. Légère, sceptique, railleuse, elle ne se laissait prendre ni aux œillades sentimentales, ni aux billets doux, ni aux serments passionnés. Miss Sarah haussait les épaules quand on lui parlait d'amour, et elle prétendait que l'homme qui trouverait le chemin de son cœur n'existait point encore.

Or donc, un soir d'octobre, vers cinq heures, il y avait nombreuse réunion chez M. Victor Séclain.

Les invités qui revenaient de la chasse s'étaient groupés sur une terrasse du château qui dominait l'Yonne, et du haut de laquelle on apercevait un fort beau panorama.

Un peu à l'écart, trois personnages causaient à mi-voix.

Le premier était M. Victor Séclain; le second un jeune attaché d'ambassade russe, le comte Karinoff; le troisième n'était autre que miss Sarah, la belle et dédaigneuse Anglaise.

— Miss, disait M. Victor Séclain, Dieu vous punira.

— Bah! répondit l'Anglaise, et pourquoi cela, my dear?

— Parce que vous doutez de tout.

— Peuh! c'est beaucoup dire...

— Miss, dit à son tour le jeune moscovite, vous niez l'amour.

— Avec fureur, comte..

— Dieu vous punira, miss, répéta M. Victor Séclain.

Miss Sarah épanouissait ses lèvres rouges et montrait ses dents blanches en un beau sourire.

— Un homme qui m'aime m'a toujours paru ridicule.

Et regardant le comte Karinoff.

— Tenez, comte, poursuivit-elle, je vous ai rencontré à Nice, à Palerme, à Bade et a Wiesbaden, et nulle part je n'ai vu plus charmant cavalier que vous.

Le comte s'inclina en souriant.

— Mais, reprit miss Sarah, si vous m'aviez fait la cour...

— Ah! miss, permettez...

— Si je vous avais vu sentimental et langoureux...

— Eh bien !

— Eh bien ! je vous aurais pris en horreur.

— Merci !

L'Anglaise poursuivit d'un ton railleur :

— Cependant, mon cher comte, à Nice, à Bade, à Wisbaden, vous jouissiez d'une véritable réputation de Don Juan, Les senoritas, les contessinas, les ladys et les baronnes se mouraient, par ci par là, d'amour pour vous.

— Vous êtes cruelle, miss.

— Vous m'avez inspiré une franche amitié. Voilà tout,

Le jeune Moscovite eut la galanterie de soupirer.

— Eh bien! miss, dit M. Victor Séclain, je maintiens mon dire, Dieu vous punira.

— Comment cela?

— Vous aimerez.

L'Anglais montra ses dents blanches.

— Je ne pense pas, dit-elle.

— Et, tenez, il pourrait bien se faire que j'eusse sous la main l'instrument du châtiment.

—Ah! par exemple!

— J'attends ce soir ou demain un jeune charmant, qui passe dans le monde parisien pour *irrésistible*.

— Allons donc!

— On se meurt d'amour pour lui au premier regard.

Miss Sarah échangea un coup d'œil avec le comte Karinoff :

— Qu'en dites-vous ? fit-elle.

— Hé ! répondit celui-ci, qui sait?

— Eh bien! mon cher hôte, reprit la jeune anglaise, apprenez moi donc le nom de ce séducteur?

— Il se nomme le comte de Morangis.

—Ah! fit miss Sarah; et le timbre de

sa voix fut aussi indifférent que de coutume. Je ne le connais pas.

Mais le comte Karinoff tressaillit.

— Vous attendez M. de Morangis? dit-il à M. Séclain.

— Oui.

— C'est bien le comte Paul de Morangis, insista le Russe.

— Lui-même.

— Vous êtes lié avec lui?

— Assez. Il chasse chez moi et je vais chasser chez lui.

— Où cela ?

— En Sologne, à quelques lieues de Salbris.

Le Moscovite jetait un regard de compassion sur la jeune Anglaise.

— Miss Sarah, dit-il enfin, je vais me permettre de vous donner un conseil.

— Vraiment ?

— Oui.

— Voyons !

— La soirée est fraîche, rentrez chez

vous et faites-vous monter à dîner dans votre chambre.

— Hein?

— Fermez votre porte à double tour et demandez votre chaise de poste pour demain matin.

— Ah! ça, pardon, mon cher comte, dit miss Sarah, avez-vous l'esprit perdu?

— Nullement.

— Alors, que chantez-vous donc?

— Je vous engage à quitter Mailly et

à prendre la route de Nice. Tenez, un de mes amis qui s'y trouve en ce moment, le major Selnitz m'écrit que la saison est superbe. Vous y trouverez la princesse C..., la baronne de F..., et le maréchal autrichien comte de R...

Le Moscovite parlait avec une gravité imperturbable.

— Comte, lui dit miss Sarah, vous êtes railleur froid, et je suis accoutumée à vos plaisanteries ; mais celle-ci est tellement enveloppée, tellement nébuleuse, que je ne la comprends pas. Veuillez vous expliquer.

— Je comprends, moi, dit M. Séclain.

— Ah !

— Le comte vous conseille de partir pour éviter mon hôte futur.

— Ce monsieur de Morangis ?

— Précisément.

Miss Sarah haussa les épaules.

— Soyez tranquille, dit-elle, votre

monsieur de Morangis ne me présente aucun danger sérieux.

— Vous croyez?

— O mon Dieu! j'en suis sûre.

— Miss, dit gravement la Moscovite, vous êtes sceptique et railleuse, mais vous n'êtes point sans cœur!

— J'en ai pour mes amis.

— Ce qui veut dire que le comte de Morangis serait plus fort que vous si vous engagiez une lutte avec lui.

— Bah!

—Il est railleur, il est sceptique, il est parfaitement insensible; et cependant il a le don merveilleux de jouer la passion dans ses phases les plus violentes.

— Ah! prenez garde! comte, dit la jeune Anglaise, vous allez me rendre excessivement jalouse.

— Tant pis!

— Et je voudrais à tout prix que votre héros s'occupât de moi.

Le Moscovite baissa la tête.

— Voulez vous, dit-il, que je vous raconte quelques particularités de sa vie.

— Volontiers.

— Tiens, dit M. Séclain, vous le connaissez?

— Beaucoup.

— Et vous savez...

— Des choses que je veux raconter à miss Sarah.

— J'écoute, dit l'Anglaise.

— Et moi aussi, fit M. Séclain.

— Ah! pardon, ajouta le Russe, c'est à miss Sarah seule que je veux faire des confidences.

— Oh! oh!

— Sinon, je me tais.

M. Séclain prit la main de miss Sarah et la posa sur le bras du comte :

— Allez, dit-il, je me retire.

Le comte Karinoff entraîna miss Sarah à l'extrémité opposée de la terrasse et la fit asseoir sur un banc, tandis qu'il demeurait devant elle.

— Eh bien ! lui dit-elle, parlez comte.

— Miss, répondit le Moscovite, M. de Morangis et vous avez plus d'un point de ressemblance.

— Vraiment?

— Il est séduisant comme vous.

— Ah!

— Vous êtes aventureuse comme lui et vous cherchez les obstacles.

— C'est vrai.

— Quand vous saurez qu'il est sans

cœur, vous voudrez triompher de son insensibilité.

— C'est possible.

— Vous engagerez une lutte.

— Et j'en sortirai victorieuse.

— J'en doute.

FIN DU TROISIÈME VOLUME.

Argenteuil. — Imprimerie de Worms et Cie.

EN VENTE

LE ROI DES GUEUX
par PAUL FÉVAL, auteur de le Bossu, la Louve, l'Homme de Fer, etc., etc.

MADEMOISELLE COLOMBE OU UNE NOUVELLE RIGOLBOCHE
par MAXIMILIEN PERRIN, auteur de les Coureurs d'Amourettes, l'Ami de ma Femme, les Folies de Jeunesse, la Fille du Gondolier, etc.

LE CORDONNIER DE LA RUE DE LA LUNE
par THÉODORE ANNE, auteur de la Reine de Paris, le Masque d'Acier, la Folle de Savenay.

DANIEL LE LABOUREUR
par CLÉMENCE ROBERT, auteur de Nena-Sahib, la Tour Saint Jacques, les Anges de Paris, les Deux Sœurs de Charité, etc.

MORTE ET VIVANTE
par HENRY DE KOCK, auteur du Médecin des Voleurs, les Femmes honnêtes, Brin d'Amour, etc., etc.

LES GANDINS
par le Vicomte PONSON DU TERRAIL, auteur de la Jeunesse du roi Henri, la Dame au Gant noir, le Diamant du Commandeur, etc.

LES GRANDS DANSEURS DU ROI
par CHARLES RABOU, auteur du Cabinet noir, les Frères de la Mort, la Fille Sanglante, le Marquis de Luplano.

Paris. — Imprimerie de P.-A. BOURDIER et Cⁱᵉ, rue Mazarine, 30.

www.ingramcontent.com/pod-product-compliance
Lightning Source LLC
Chambersburg PA
CBHW060646170426
43199CB00012B/1691